DÉFENSE

DU JOURNAL LYONNAIS.

LE PRÉCURSEUR,

PAR M⁰ GUERRE, AVOCAT.

DÉFENSE
DU PRÉCURSEUR,

JOURNAL POLITIQUE, LITTÉRAIRE, SCIENTIFIQUE, INDUS-
TRIEL ET COMMERCIAL DE LYON ET DU MIDI,

*Prononcée le 29 juin 1827, a l'audience de la Chambre des affaires correc-
tionnelles du Tribunal de Lyon,*

PAR M° GUERRE, AVOCAT.

Suivie de la plainte et du Jugement de 1ʳᵉ Instance,

E pur si move.

A LYON,
DE L'IMPRIMERIE DE BRUNET,
PLACE ST-JEAN, N° 3.

1827.

DÉFENSE DU PRÉCURSEUR.

ALLOCUTION PRÉLIMINAIRE

DU Sᵣ LAURENT LUCKNER,

Éditeur et Prévenu,

A SES JUGES :

Messieurs,

Lorsque je pris sur moi la responsabilité du *Précurseur*, j'atteste qu'il ne me vint pas à la pensée que je pouvais courir la chance d'être un jour appelé à défendre ce journal, et à me justifier moi-même. Tranquille avec ma conscience, fort de la sincérité et de la droiture de mes opinions monarchiques-constitutionnelles ; rassuré aussi par la coopération de rédacteurs qui m'offraient toutes les garanties d'indépendance et de probité politique comme morale, de rédacteurs qui, pleins d'un vrai royalisme, consacrent leurs talens à la défense des institutions libérales que nous tenons de la sagesse de nos Rois ; je n'aurais pas osé prévoir que le *Précurseur* pût jamais déplaire au pouvoir, pût jamais être en butte aux poursuites du ministère public. Bien loin de là, et à moins de me jeter dans un contre-sens inexplicable, je m'attendais à sa bienveillance, à ses encouragemens, à sa protection.

Nous vivons sous l'empire de la charte, me disais-je, de la charte solennellement jurée, de la charte qui déclare le Roi inviolable et sacré, et le *Précurseur* en a fait son évangile politique. Il n'a donc qu'à combattre les ennemis de cette charte, pour être sûr de l'appui du pouvoir ; et si jamais on venait à l'accuser, ce ne pourrait être que par erreur ou par suite de fausses interprétations ; ou bien il faudrait que l'accusation avouât qu'on est coupable parce qu'on réclame l'exécution de la loi fondamentale , et que pour être royaliste il faut faire la guerre à l'acte qui a *fermé l'abîme des révolutions.*

Une pareille supposition m'aurait paru impossible.

Et cependant, Messieurs, le *Précurseur* est traduit devant vous ! Et cependant les agens du pouvoir constitutionnel font la guerre à des écrivains constitutionnels !

Dans cette étrange confusion d'idées, dans ce renversement de tous les principes, disons le mot, dans cette espèce d'anarchie, un asile assuré reste aux citoyens ; c'est le sanctuaire de la justice. Je m'y réfugie, et j'attends paisiblement, Messieurs, que vous prononçiez sur mon sort, laissant à mon défenseur le soin de démontrer mon innocence.

Etonné, interdit de me trouver dans cette enceinte où je parais pour la première fois, n'ayant aucune habitude de la parole , pouvais-je me mettre en de meilleures mains qu'en celles du célèbre avocat qui, dans cette affaire, s'est constitué mon premier juge ? Il devait l'être avant d'embrasser ma défense ; et il s'en est chargé. Le ministère public revenu à lui-même, et revoyant les questions qu'il a lui-même provoquées , sera forcé de reconnaître que le choix d'un défenseur expérimenté et prudent est déjà, de la part du *Précurseur*, une assez grande marque de sagesse. L'analyse des principes et des articles incriminés fera le reste.

PLAIDOYER DE L'AVOCAT.

Messieurs,

La plainte qui amène devant vous l'éditeur d'un
journal estimé et irréprochable, dont le seul crime
a été de défendre avec franchise des opinions gé-
néreuses et constitutionnelles, n'est qu'un triste
présent de ce pouvoir secret qui, depuis quelque temps, marche tête levée à la destruction de
toutes les libertés publiques, par celle de la liberté
de la presse. Déjà vainqueur et maître d'une partie
des hauts-pouvoirs de la société, à qui il a imposé
ses chaînes, l'esprit de ténèbres semble s'être
assis au milieu de nous, avec sa haine pour la
lumière, avec sa colère pour les hommes et les
choses qui tendent à la répandre. C'est lui qui
n'ayant pu consommer les plans d'abrutissement
qu'il a conçus contre l'espèce humaine, par ce déplorable projet de loi sur la presse, dont nous eût
délivré la noble Chambre, et qu'une main auguste
a étouffé, attaque chaque jour en détail, et sous
mille formes, ce qu'il n'a pu anéantir en masse,
composant toute sa polémique d'amendes et de
verrous; c'est lui qui impatient de l'indépendance des tribunaux, substitue, quand il le peut,
la police et la censure à leur justice et à leur autorité; c'est lui aussi dont l'influence inaperçue
appelle toute sorte de sévérités contre des doctrines

qui ne peuvent s'allier avec ses desseins, mais qui ont heureusement pour appui et les témoignages de l'histoire, et les suffrages de ce qu'il y eut jamais de plus illustre dans l'Eglise et dans l'Etat.

Mon langage, Messieurs, pourra paraître sévère : le sujet en est encore plus affligeant. Il est triste que de jeunes publicistes, tous étrangers par leur âge à ces fureurs révolutionnaires qui ont fait si long-temps de notre malheureux pays, un sujet de pitié non moins que d'effroi, mais qui ne sont pour eux que de l'histoire ; que de jeunes littérateurs, tous nourris dans l'amour le plus désintéressé de la royauté et des institutions qu'elle nous a données, voient travestis en cris séditieux, des théories qu'ils ont puisées aux sources les plus respectables de notre droit public, et qu'ils auraient pu étudier jusque dans les écrits de l'honorable magistrat à la voix duquel leur éditeur est accusé. Pourquoi faut-il que, provoquant une rencontre effrayante de questions ou vitales ou mortelles, sur les droits et les besoins de la société, on vienne établir d'imprudentes discussions sur des choses qu'il ne faudrait que sentir et croire ? Comment surtout est-on venu, contre tout usage et toute convenance, arracher la majesté royale elle-même aux saintes illusions qui l'ont en quelque sorte placée entre le ciel et les hommes, à l'espèce de culte dont nos respects l'ont entourée, pour la mettre en cause dans nos débats, et la livrer comme nue aux regards du vulgaire ?

Mais rassurez-vous, Messieurs ; la défense, plus

respectueuse que l'accusation , repoussera loin
d'elle, autant qu'il se pourra, des débats impies.
Et si telles peuvent être les nécessités de la cause
que nous devions approcher davantage de l'inté-
rieur des doctrines qu'on accuse, du moins nous
puiserons dans une région si élevée les autorités
qui devront les protéger, qu'aucune fâcheuse interprétation ne sera permise à qui que ce soit.
Celui d'ailleurs qui toujours fidèle aux inspira-
tions de la même conscience , et blanchi dans les
rangs des amis du trône , y trouva, pour tout sa-
laire, des proscriptions dont il ne s'est ni plaint ni
énorgueilli , un arrêt de mort dont il n'a jamais de-
mandé le prix, parce que chacun doit le sacrifice de
son repos et de sa vie à la société, celui-là peut
dire toutes les vérités utiles , sans être suspect ni
dans ses principes, ni dans son langage. Mais il
n'en abusera pas. J'entre en matière.

Le Précurseur eut le malheur de déplaire avant
de naître. Le même ministère qui le fait poursuivre
aujourd'hui pour des délits chimériques, l'avait
déjà attaqué avant qu'il pût être coupable, c'est-
à-dire, lorsque cessa le sommeil où des embarras de
finance l'avaient plongé en 1822. Cette hostilité
précoce n'avait ni appui ni prétexte dans les temps
passés, car *le Précurseur* s'était endormi très-inof-
fensif, et sans avoir jamais appelé l'attention de
l'autorité publique. Mais à mesure que les fautes
des dépositaires du pouvoir se multiplient et ir-
ritent l'opinion publique, tout miroir destiné à les

réfléchir , devient plus importun. Un journal qui était demeuré sans reproche jusqu'en 1822, a donc paru suspect en 1826, et l'on s'est opposé à sa renaissance. Mais vous avez fait justice au journal , Messieurs, de cette petite persécution, comme vous l'avez faite plus tard aux cabinets de lecture et aux logogriphes ; et nous devons espérer que vous ne demeurerez pas cette fois au-dessous de l'honorable position que vous avez prise par vos précédens juge-mens.

Il faut avouer cependant que la plainte s'annonce avec des chefs de prévention bien graves, au moins en apparence.

Offenses contre la personne sacrée du Roi;

Offenses contre la dignité royale;

Attaques contre les droits que le Roi tient de sa naissance;

Provocations à s'armer contre l'autorité royale;

Provocations à la désobéissance aux lois.

Mais toutes ces inculpations n'ont pu résister au premier examen des magistrats qui ont été appelés à en prendre connaissance.

La chambre du conseil avait rejeté d'office toute supposition d'offenses au Roi , à sa dignité, à la légitimité, pour ne laisser subsister que celle de provocations à la désobéissance aux lois, et à s'armer contre l'autorité royale ; et c'était déjà trop.

Si la chambre d'accusation s'est montrée plus sévère en rétablissant tous les chefs de prévention, vous, Messieurs, dans le jugement que vous avez rendu par défaut, (1) n'avez pu vous empêcher de reconnaître spontanément, que la plainte ne méritait pas d'être poursuivie dans tous ses chefs.

Cette diversité de sentimens, dans une matière où il ne peut y avoir de corps de délit, s'il n'est écrit en toutes lettres et sans équivoque dans les articles incriminés, est déjà une imposante réfutation de la plainte.

Cependant le jugement par défaut a condamné le prévenu à six mois d'emprisonnement, à 2000 fr. d'amende. C'est cette décision que nous venons attaquer.

1° OFFENSES ENVERS LA PERSONNE DU ROI.

Ce n'est pas moi qui viendrai expliquer comment on pourrait offenser la *personne* d'un Monarque, et quel genre d'imputations pourraient constituer un tel délit. Loin de moi la pensée de souiller mes paroles d'une si inconvenante polémique, de suivre une imprudente accusation sur un terrain si mal choisi! Il y a dans la royauté je ne sais quelle haute dignité mystérieuse et sainte, que le respect même le plus délicat ne saurait soumettre à l'analyse sans irrévérence. Un homme de bien publia un livre très-religieux sur les choses divines, dans un temps d'impiété et de scandales; ses intentions étaient

---

(1) Ce jugement plus que sévère a été prononcé sur le premier appel de la cause, et en rejetant, contre tout usage, une remise motivée sur des excuses fondées.

dignes de respect : mais il eut le malheur d'intituler
son livre, *Mémoire en faveur de Dieu*, et le scandale
du titre parut plus grand que tous les scandales qu'il
combattait.

Il n'est point dans nos mœurs d'offenser la personne des Rois : cette espèce de sacrilége ne peut
exister que sous des gouvernemens absolus, chez
des peuples long-temps esclaves , au moment où
leur colère brise leurs fers; on ne le verra point
dans une nation calme et libre, que les lumières de
la presse éclairent incessamment sur ses obligations,
sur ses besoins et ses droits, et qui dans les leçons d'une éducation politique de tous les jours,
reconnaît que le trône est le plus ferme appui des
libertés publiques.

C'est ce qu'a remarqué avant nous le même magistrat qui a donné l'ordre de la plainte : *Rien ne
saurait en France , disait-il, être dirigé contre le
trône, parce que le trône est dans l'intérêt et dans les
nécessités de la nation* (1).

Il ne se trompait pas : je n'en veux pour preuve
que le journal accusé.

Offensait-il la personne du Roi, ce journal, lorsque dans la feuille du 21 avril, il s'écriait : « Li-
» vrons-nous avec confiance, à notre *reconnaissance*
» *pour le Roi*. Oublions les inquiétudes dans les-
» quelles nous a jetés un ministère qui depuis trop
» long-temps se fait un jeu de nos douleurs,
» comme de notre bien-être. *Concentrons toute*
» *notre affection sur le Monarque?* »

____

(1) Moniteur du 25 mars 1819.

Offensait-il la personne du Roi, lorsque dans la feuille du 15 avril, il se livrait à ces transports de gratitude et d'amour : « Oui, nous nous empres- » sons de le répéter, la France est libre, et elle » aime ces libertés dont *la plus précieuse fut le pre-* » *mier bienfait de son Roi ?* »

Offensait-il la personne du Roi, lorsque dans la feuille du 15 décembre, en combattant et repous- sant des projets insensés, conçus par d'aveugles ab- solutistes, il se réfugiait avec nos libertés sous la protection et *la sagesse éclairée du monarque ?*

Offensait-il la pesonne du Roi, lorsque déplorant, ou plutôt repoussant comme impossibles des irrévé- rences imputées par la *Gazette de Lyon* au peuple de Bordeaux, contre la personne sacrée du mo- narque, il s'écriait : « Si ce récit n'est pas une in- » vention, nous parierions que c'est au moins une » exagération ; car, *nous n'admettons pas , à moins* » *de preuves aussi claires que la lumière,* qu'une » réunion de citoyens insulte, même par des allu- » sions, au Roi que la Charte a déclaré *inviolable* » *et sacré. Si un pareil malheur est arrivé.* au sein » de la grande cité connue jusqu'à ce jour par son » royalisme, de la cité qui ouvrit la porte aux Bour- » bons, en 1814, qui a donné son nom à l'héri- » tier du trône, *il faut s'en affliger sincèrement ; il* » *faut plaindre le pays* où de pareils symptômes » viennent à se montrer. »

Des journalistes qu'animent des sentimens si loua- bles ; des citoyens qui regardent comme une cala- mité publique, l'apparence même d'une irrévérence envers lé prince, qui en repoussent la supposition comme incroyable, comme impossible, peuvent-ils être soupçonnés d'une faute condamnée si hautement par eux-mêmes ?

Pourtant on les accuse : quelles sont donc les expressions qui auraient pu échapper à la profonde et sincère conviction de leurs esprits ? Vous devez, Messieurs, être impatiens de les connaître.

Elles sont dans une feuille qui a suivi de près celles que nous venons de vous rappeler, dans le N° du 4 mai 1827, et voici quel est l'article qui a été formellement incriminé :

« La garde nationale de Paris a crié, *vive la*
» *Charte !* elle en avait le droit ; elle a fait son de-
» voir. Eh ! comment ! tandis que des insensés at-
» taquent nos institutions les plus précieuses ;
» tandis que des factieux réclament à grands cris le
» pouvoir absolu, l'on voudrait imposer silence aux
» bons citoyens ! non, non, ne l'espérez pas. Une
» loi, et non une ordonnance, une loi du 15 mars
» 1815, a confié le dépôt de la Charte constitu-
» tionelle et de la liberté publique, à la fidélité et
» au courage de l'armée, des gardes nationales et
» de tous les citoyens ; hier la garde nationale de
» Paris a prouvé qu'elle voulait *garder ce dépôt sa-*
» *cré*, et la fidélité et le courage del'armée et de
» tous les citoyens, sauraient imiter un si noble
» exemple. »

Etrange inculpation ! Quoi ! on offense le monarque en exaltant son plus grand bienfait ! quoi ! on outrage le prince en rendant hommage à la

fidélité de l'armée à qui il a confié le dépôt de la
loi des lois! Ce cri de *vive la Charte*, « pris isolé-
» ment, et considéré comme une simple expression
» d'amonr et de reconnaissance, peut-il être autre
» chose, selon le langage même de la plainte,
» qu'*un hommage au Roi?* » Cette confiance dans la
fidélité de l'armée, est-elle autre chose que la répé-
tition de ces paroles mémorables du Roi, lorsque
dans la proclamation du 12 mars 1819 aux armées,
confirmée par l'art. 4 de la loi du 15 du même mois,
il leur disait ; *Défendez avec le petit-fils du grand
Henri, la liberté publique qu'on attaque, la Charte
constitutionnelle qu'on veut détruire.*

Le journal avait dit : *La garde nationale a prouvé
qu'elle voulait garder le dépôt sacré* de la Charte ; il
ajoute : *l'armée saura imiter un si noble exemple.* Il
ne s'agit point là du cri de vive la Charte, mais du
devoir de la garder. Le ministère public a dit qu'on
n'avait eu en vue que les hommes des Cent-Jours.
Eh ! qu'importe que les ennemis de la Charte et de
la liberté viennent de l'Ile d'Elbe, de Montrouge, ou
d'ailleurs? Si le péril est le même, la fidélité doit
être la même.

Les esprits les plus ombrageux ne comprendraient
pas la plainte, si on ne venait l'expliquer par les
commentaires qu'on a mis à laplace des pensées et
des expressions du journal, quand on a voulu l'in-
criminer.

La plainte a dit que « le rédacteur a *isolé* avec
» adresse le cri de *vive la Charte*, des autres cris
» simultanément proférés : c'est pourtant la con-
» duite de la garde nationale de Paris qu'il entend

» justifier dans son ensemble ; c'est l'exemple qu'il
» propose, l'exemple que l'armée et tous les ci-
» toyens sauront imiter. » On vient de voir que
l'exemple proposé n'est pas celui du cri de *vive la
Charte*, mais celui de la fidélité à *garder le dépôt*
sacré ; ce qui est tout à fait différent : mais poursui-
vons. La plainte a dit :

» En réduisant sa pensée à ce seul cri de *vive la
» Charte!* le passage cité constitue deux délits.
» pris isolément et considéré comme une simple
» expression d'amour et de reconnaissance, le cri
» de *vive la Charte !* ne serait qu'un hommage au Roi.
» Proféré devant le monarque par une *troupe sous
» les armes*, POUR LUI REPROCHER la violation de cette
» Charte, et lui annoncer *qu'on veut* qu'on la res-
» pecte, c'est à la fois une *offense* et une *menace*.
» Le journaliste qui le justifie, qui l'exalte, qui le
» préconise comme l'exercice d'un droit et l'accom-
» plissement d'un devoir, s'associe à l'offense et la
» reproduit. »

Apprécions ce langage.

Les premières lignes sont consacrées à établir que
le délit consiste à avoir isolé un cri louable de deux
autres cris, offensifs pour les jésuites et les ministres.
Ainsi, le délit ne serait pas dans l'action d'avoir allié
des cris inconvenans à un cri louable, puisque
cette action n'a pas été commise ; elle serait dans
l'intention même qu'on aurait eue d'éviter un sujet
de reproche, d'isoler le cri de vive la *Charte*.
Quel raisonnement, grand Dieu ! quelle doctrine !
le délit serait d'avoir évité le délit ! la faute serait
d'être demeuré dans les termes d'un *hommage au Roi*,

au lieu d'avoir infecté cet hommage d'un alliage réprouvé.

On sait bien qu'en certains cas le délit est réputé accompli, si la consommation n'en a été empêchée que par un fait indépendant de la volonté de son auteur. Mais ici le rédacteur n'a été arrêté par aucun obstacle, puisque ce serait par réflexion, ou, si l'on veut, par *adresse*, qu'il se serait refusé au rapprochement qui n'a pas été fait. Le délit n'existerait donc pas.

Le ministère public s'efforce de franchir les bornes que le rédacteur a mises lui-même à sa pensée ; il établit une combinaison forcée, injuste, entre le cri de *vive la charte*, qui a été *isolé* des autres cris dans l'article incriminé, et ceux d'*à bas les Jésuites*, *à bas les Ministres*, qui avaient été rapportés dans un article antérieur non incriminé. Ainsi, c'est un délit imaginaire, créé par la plainte, mais qui n'est pas dans le journal. Tous les efforts de la plus riche imagination ne peuvent changer ce qui est.

Ce rapprochement, qui, suivant l'accusation, constituerait essentiellement un délit, n'existant pas dans l'article attaqué, il n'y a ni délit, ni matière à poursuite.

Le *voisinage* de l'article accusé, et de celui qui ne l'est pas, dernière ressource de l'accusation, ne peut être d'aucune considération dès que le dernier n'est pas poursuivi. L'art. 6 de la loi du 26

mai 1819, porte expressément, « que la partie
» publique, dans son réquisitoire, sera tenue
» d'articuler et de *qualifier* les provocations, at-
» taques, offenses, outrages, faits diffamatoires,
» à raison desquels la poursuite est intentée, et ce,
» *à peine de nullité de la poursuite.* »

Or, l'article dans lequel on prétend trouver la
matière du rapprochement qui serait nécessaire,
suivant la plainte, pour constituer le délit, n'étant
pas *incriminé*, et la plainte n'ayant *qualifié* délit
que le passage où est la citation isolée du cri *vive
la Charte*, il faut rejeter un rapprochement aussi
illégal que forcé.

Que signifie à présent cette doctrine violente,
incompréhensible, qu'un cri de reconnaissance et
d'amour doive prendre nécessairement, à l'insu
même de ses auteurs, un caractère de *reproche* au
Roi, d'*offense*, de *menace* même, *s'il est proféré,*
devant le Monarque, par une troupe sous les armes?

D'abord, on ne voit pas comment il serait impossible qu'une troupe sous les armes exprimât
d'autres vœux que des vœux séditieux : mille fois
l'armée a proféré avec enthousiasme le cri de *vive
le Roi*, et ce cri n'a jamais paru coupable. D'un
autre côté, la garde nationale de Paris ne pouvait
être considérée, le 29 avril, comme une troupe
sous les armes : c'était l'élite des citoyens de Paris,
réunis dans une grande et touchante solennité, pour
célébrer, sous les yeux du Prince, l'anniversaire

de ce beau jour qui, en 1814, rendit à toute la France, avec *un Français de plus*, toutes les consolations et toutes les espérances dont avait besoin un peuple si long-temps agité : ce n'était pas une *troupe de ligne*. Et ces armes mêmes, qu'elle présentait au Roi avec tant d'attendrissemént et de respect, à mesure qu'elle défilait devant Sa Majesté; ces armes, si redoutables dans les combats aux ennemis du pays, si inoffensives un jour de fête, étaient-elles autre chose, dans ses vaillantes mains, ce jour-là, qu'une décoration, qu'un instrument de ses hommages ? Il y a dans ce travestissement de la garde nationale en troupe de ligne, le 29 avril, une offense à la vérité, au caractère de cette auguste réunion, qui est choquante; elle présente je ne sais quoi d'anti-français qui doit soulever tous les esprits délicats.

On n'a jamais interdit à l'armée ce cri de salut, si cher aux Français, *vive le Roi*. Celui de *vive la Charte*, qui est aussi un cri de reconnaissance et d'amour, un véritable *hommage au Roi*, comme on l'a dit dans la plainte, ne peut être moins respectable. Celui-ci serait coupable sans doute, s'il était proféré dans un esprit d'opposition au cri de *vive le Roi*, comme le cri lui-même de *vive le Roi* deviendrait répréhensible, s'il ne tendait qu'à couvrir et étouffer le cri de *vive la Charte*. Mais il n'y a eu rien de semblable ni au Champ-de-Mars, le 29 avril, ni dans le journal attaqué.

Aussi, Messieurs, avez-vous été frappés au premier coup-d'œil, comme l'avait été avant vous la chambre du conseil, de la profonde injustice d'une pareille accusation, ét vous n'avez pas eu besoin du secours de la défense pour rejeter une inculpation si déraisonnable.

Cette décision, qui est contradictoire avec le ministère public, n'ayant pas été attaquée par lui, est devenue irrévocable. L'opposition, qui ne s'apliquait point à cette décision, n'a pu, de son côté, anéantir que les décisions attaquées. Il ne me reste plus rien à dire sur celle-là.

2.° OFFENSES A LA DIGNITÉ ROYALE.

Mais *le Précurseur* a-t-il été aussi réservé à l'égard de la dignité royale ? Ne l'a-t-il point offensée par ses discours ?

Le même passage que nous venons de vous faire connaître, Messieurs, a motivé cette seconde imputation, mais avec aussi peu de fondement. Suivons la plainte dans ses raisonnemens :

On y expose que, « Dans sa feuille du 4 du mois
» de mai, le journaliste, rendant compte de la revue
» du 29 avril, et rapportant que la garde nationale
» de Paris a crié : *A bas les Jésuites ! à bas les*
» *ministres ! vive la Charte !* ajoute : La garde na
» tionale de Paris a crié *vive la Charte !* elle en
» avait le droit, etc. Or, nous dit la plainte, le ré
» dacteur attaque la dignité royale, en osant *sou-*

» *tenir qu'on a le droit de l'offenser*, et que ce droit
» résulte de la loi. »

Et où donc le rédacteur *a-t-il soutenu qu'on a le
droit d'offenser la dignité royale ?* Où a-t-il écrit
cette stupidité ? C'est une supposition que désavoue
hautement l'article cité ; et il y a un oubli de toutes
les convenances judiciaires, à convertir une simple
argumentation de l'accusateur, en une assertion
formelle de l'accusé.

Que l'accusation, à force de torturer les expressions, d'attaquer les prétendues intentions, d'em-
poisonner tout ce qu'elle touche, arrive d'inductions
en inductions jusqu'à supposer que les conséquences
de l'article incriminé pourraient renfermer implici-
tement la pensée qu'on eût le droit *d'offenser la
dignité royale*, c'est déjà trop, beaucoup trop ;
c'est porter infiniment loin l'artifice si connu des
rapprochemens et des interprétations. Cela rappelle que la belle oraison du *Pater*, analysée de
la même manière, pourrait renfermer mille blas-
phèmes. Mais donner à ses propres argumenta-
tions la forme d'une proposition directe de l'accusé,
d'une proposition insensée qu'on ne proférerait pas
dans les petites-maisons, c'est porter un peu loin la
faculté d'argumenter.

L'accusation suppose ailleurs que cette étrange
doctrine résulterait de l'usage qu'on a fait de *la loi
citée* ; ce qui est tout-à-fait différent. Mais alors
il ne s'agirait plus, entre nous, que d'une simple

polémique sur quelques points de droit public,
et non du *droit d'offenser* la dignité royale.
On aurait à discuter comment les vœux publics
peuvent se manifester aux rois, quand toutes les
avenues du trône sont fermées à la vérité ; si l'on
ne peut réclamer que par des pétitions aux chambres ; si des citoyens réunis en uniformes et en armes
pour une revue, ou plutôt pour une fête toute nationale, doivent être assimilés à l'armée ; si l'expression d'un vœu qui est dans le cœur de trente
millions de Français, et que le Roi exaucerait, *si le
Roi savait*, n'est, suivant le langage révolutionnaire qu'a exhumé la plainte, qu'*une vocifération,
une vocifération insultante, une menace ?* Voilà les
questions que feraient naître les raisonnemens de la
plainte, que la plainte résout à sa manière, et qu'avec
un peu plus de réflexion elle aurait résolues tout autrement. Mais, quoi qu'il en soit, des raisonnemens
bons ou mauvais, lorsqu'il ne s'y mêle aucune provocation séditieuse, peuvent-ils jamais devenir la
matière d'une accusation ? Un mauvais raisonnement
dénote un esprit inexact, un jugement peu sûr ; mais
depuis quand le défaut de justesse dans l'esprit est-
il un crime ? Grands Dieux ! que de coupables, si les
erreurs de l'esprit pouvaient devenir une matière correctionnelle ! Que feriez-vous, Messieurs, de ces insensés, par exemple, qui prendraient pour l'État un
ministère à la fois despotique, brouillon et sauvage ;
que feriez-vous de ces hommes d'autrefois, espèce de

somnambules, qui toujours *les yeux attachés sur le passé, le dos tourné à l'avenir, marchent à reculons vers cet avenir*, incapables qu'ils sont de comprendre le mouvement qui porte l'ordre social vers de nouvelles destinées? Que feriez-vous de ces hommes mobiles et légers qui défendaient hier la liberté ou le despotisme, qui poursuivent aujourd'hui le despotisme ou la liberté, selon la tendance du pouvoir?

Non, Messieurs, les systèmes de politique, à moins qu'ils ne soient professés sous des formes criminelles, à la manière, par exemple, des Gracchus de l'ancienne Rome, ces systèmes ne sauraient être du domaine de la police correctionnelle ; car, en dernier résultat, ils ne relèvent que des lumières de l'esprit, dont les utopies ne se réfutent pas avec des amendes et des verroux. M. le Procureur-général lui-même nous a dit, d'après Montesquieu : « Qu'il » est très-souvent indifférent, dans une nation libre, » que les particuliers raisonnent bien ou mal. Il » suffit qu'ils raisonnent. De-là sort la liberté qui » garantit des mauvais raisonnemens. » D'où il faut conclure, avec ce magistrat lui-même (1) : « Qu'il ». faut craindre de resserrer l'opinion dans ses pro- » grès, et la controverse dans la carrière, *en donnant* » *trop de latitude à l'arbitraire de la poursuite.* » Maxime que ce magistrat a malheureusement oubliée en donnant ou recevant le signal de la plainte »

____

(1) *Moniteur* du 11 avril 1819, p. 431, col. 2.

mais qui est gravée dans tous les esprits justes, et dont vous saurez faire, Messieurs, une sage application.

Quel est au surplus le prétexte de la plainte? Il consiste en ce que le journaliste a rapporté, tantôt unis, tantôt séparés, les cris *à bas les Jésuites ! à bas les ministres ! vive la Charte !*

Mais qu'y a-t-il donc de criminel dans l'expression d'un vœu qui gonfle tous les cœurs? Oui, tous les cœurs; car la crainte trop fondée d'un avenir menaçant, le bon sens, l'honneur, l'amour sincère du pays ont rappelé les Royalistes désintéressés à toute leur prévoyance, ont confondu dans un même esprit tous ceux qui aiment nos libertés avec l'autorité royale. Tout ce qu'il y a de Français accoutumés à réfléchir, tout ce que nous comptons de plus distingué dans les rangs des amis du Roi, est associé à ce vœu; qu'avait donc de criminelle en elle-même sa manifestation? *Tel est le malheur de la royauté,* disait l'ami de Louis XVI (1), *que le souverain est souvent le seul de son royaume par qui le cri universel de la nation ne soit pas entendu.* Qu'on daigne donc permettre quelquefois au Roi d'écouter.

Ce n'est que dans ces grandes et solennelles rencontres que le peuple peut révéler ses sentimens à son Roi ; il y parle quelquefois par son silence.

C'était, dit l'accusation, *reprocher au Roi la vio-*

____

(1) Pensées de Malesherbes, 94.^e

lation de la Charte ; c'était à la fois une offense et une menace. Toujours cette affectation sacrilége de confondre le Roi avec ses ministres ! Ecoutez, Messieurs, un homme qui se connaissait en politique, comme en piété filiale pour son Roi, Malesherbes ; écoutez le jugement qu'il porte de cette confusion intolérable : *Le comble de l'injustice,* disait-il, *c'est de mettre sans cesse en cause le prince, pour forcer par le respect les opprimés au silence.* Cet excès d'injustice est celui de la plainte.

Les esprits délicats ont pensé que dans la solennité du 29 avril, le peuple devait oublier ses maux présens, ses désirs, ses besoins, pour ne se livrer qu'à la joie de l'anniversaire heureux qui le réunissait sous les yeux du père commun, sous les yeux de ce *Français de plus,* qui fut pour nous l'aurore de la restauration. Mais *le Précurseur* ne s'est-il pas mis lui-même à la tête de cette opinion ? Ecoutons-le, Messieurs :

« Sans doute, a-t-il dit, il eût été plus convena- » ble de ne faire entendre, en présence du Roi, » que des accens d'amour et de respect. » Où a-t-il dit cela ? dans cette feuille même du 4 mai, qui sert de texte à l'accusation, mais qu'on a mutilée pour écarter un fait si éminemment justificatif.

N'importe : ce que les esprits les plus sévères n'ont pu considérer que comme une messéance, la plainte le convertit en délit. Mais, en se livrant même à une sévérité si outrée, quels seront les auteurs du prétendu délit? Quelques compagnies de la garde nationale de Paris. Les a-t-on livrées à la police correctionnelle? non; à un jugement militaire quelconque? non; a-t-on fait les moindres recherches contre ces grands coupables? non, non, et toujours non. Le gouvernement lui-même a donc jugé qu'il n'y avait point de délit à poursuivre.

On a licencié le corps ! soit; mais c'est là un acte de discipline, qui ne suppose par conséquent qu'une faute de discipline, non un délit correctionnel.

Que dis-je, Messieurs ! La journée du 29 avril a été jugée à jamais par une bouche auguste, objet et témoin de ce vœu qu'on ose ici transformer en *insulte* et en *menace* : *Je suis venu*, répondit le Monarque, *pour recevoir vos félicitations, et non vos conseils :* sur tout le reste , le Prince parut satisfait. Or , des *conseils* , tout messéans qu'ils puissent être, ne sauraient constituer le délit d'offense , et le désaveu royal aurait dû seul suffire pour réduire l'accusation au respect et au silence.

Mais après tout, le délit serait celui de la garde nationale, et non celui des journaux. C'est pour cela encore qu'aucun journal, en France, autre que *le Précurseur*, n'a été traduit en justice pour le récit de la journée du 29 avril.

Quelle aberration en effet qu'une telle poursuite! Confondre un simple récit avec l'action racontée! Confondre l'historien avec les personnages de l'histoire ! Confondre l'approbation qui aurait été inconsidérément donnée à un délit, dans un papier fugitif, avec le délit même ! Voilà, il faut en convenir, une étrange jurisprudence. Ainsi, la justice enverra à l'échafaud, de compagnie avec un meurtrier, l'écrivain insensé qui aura entrepris de justifier le meurtre ! Elle flétrira du fer rouge de l'infamie, et enverra au bagne, côte à côte avec un faussaire, l'écrivain stupide qui aurait essayé de justifier le faux. Elle enverra l'écrivain au bagne, à l'échafaud, là où il ne se trouvera pas même de poursuite contre le faussaire ou le meurtrier qu'on aurait tenté de justifier ? Le bon sens ne recule-t-il pas épouvanté devant de pareilles doctrines ? Et pourtant toute la plainte est là ; car *le Précurseur* qui a raconté, approuvé si l'on veut, n'était pas au Champ-de-Mars ; *le Précurseur* n'a pas *vociféré*, pour me servir de la noble expression de la plainte.

Si, d'ailleurs, nous avions à défendre non pas le récit, mais le fait en lui-même, nous dirions comme tous les bons esprits l'ont dit avant nous, *à bas les Jésuites* ne peut être un cri répréhensible dans un pays d'où cette secte audacieuse a été bannie par des lois et des arrêts non révoqués. *A bas les ministres* ne peut être un vœu coupable dans un pays où les ministres sont responsables, et où la liberté de parler et d'écrire est établie par la loi fondamentale. En Angleterre, non-seulement on crie *à bas les ministres*, mais on casse leurs vitres, en quoi sans doute on a tort ; mais les ministres font tranquillement remettre leurs vitres , et on n'en parle plus. Le Roi n'est pour rien dans tout cela, pas plus qu'en France le Roi n'entre pour quelque chose dans les inimitiés soulevées par les dépositaires de son pouvoir. Il n'y a donc ni vérité ni raison *à voir sédition et révolution , là où il n'y a qu'antipathie pour les ministres , pour les Jésuites* (1). Punissez, dans le *Précurseur*, si vous le voulez , si vous le pouvez , la prétendue imitation d'une messéance condamnée par lui-même, mais ne nous parlez pas de délit.

Quant au *Précurseur*, son éditeur repousse comme un outrage aux principes qu'il professe, la supposition qu'il ait jamais pu les trahir au point de manquer de respect pour la dignité royale. Il a fait ses preuves dans d'autres feuilles qui ont échappé, je ne sais comment, aux investigations de la plainte, et par qui il eût été aisé de juger ses intentions. Une seule suffira pour manifester les sentimens des rédacteurs, et pour exciter dans l'esprit de l'auteur de l'accusation le regret de les avoir méconnus. C'est celle du 15 décembre 1826 :

« Oui, s'écrie-t-il , le principe de la légitimité
» consacré chez les peuples qui jouissent d'une
» constitution , n'est pas moins favorable aux inté-
» rêts des princes qu'à ceux des peuples eux-
» mêmes. Si, d'une part, il donne de la stabilité et de
» la force aux institutions nationales ; s'il préserve

____

(1) M. de Châteaubriand.

» le corps social des bouleversemens qui suivent
» presque toujours les changemens de dynastie ;
» de l'autre, il donne aux souverains le *palladium*
» d'une inviolable majesté. *Placé au-dessus des*
» *orages, le monarque voit rouler à ses pieds les*
» *révolutions ministérielles ; il n'en est point*
» *ébranlé ;* il est le modérateur suprême qui porte
» partout le mouvement et la vie; il est en quelque
» sorte *la providence du corps politique.* Tout-
» puissant *pour le bien qu'il veut,* impuissant pour
» le mal qu'il hait, *inviolable et sacré pour tous,*
» à lui remonte le bien; mais le mal..... jamais. »

La dignité royale fut-elle jamais élevée plus haut
dans aucun écrit politique? Les livres les plus dé-
voués à la royauté pâliraient devant cette sorte d'a-
pothéose; et on n'a point pâli à l'idée de traduire
en police correctionnelle, comme des contempteurs
de la Majesté royale, ceux qui, dans le même journal, et mille fois dans le cours de leur polémique,
lui ont, pour ainsi dire, élevé des autels!

Laissons donc là, Messieurs, cette déplorable imputation ; hâtons-nous de passer à d'autres griefs :
l'injustice que nous venons de combattre ferait
naître des réflexions trop pénibles, si on y attachait
plus long-temps ses regards.

3.º ATTAQUES CONTRE LES DROITS DE LA NAISSANCE.

Le troisième chef de plainte est le plus inintelligible de tous ; c'est celui qui a pour sujet de prétendues attaques contre les droits que le Roi tient de sa naissance.

Il semble, Messieurs, qu'avant de livrer à de publiques discussions un sujet si délicat, il faudrait que des attaques bien positives, bien séditieuses, eussent mis l'autorité royale dans un bien grand danger. Les dogmes de la royauté, comme ceux de la religion, doivent être toujours entourés d'un saint respect, et le respect permet rarement l'analyse : Malheur à ceux, disait M. de Malesherbes, qui contraignent les peuples à discuter les principes, quels qu'ils soient, de l'autorité et de l'obéissance ! Ajoutons : Réprobation à ceux aussi qui, sans une évidente nécessité, plaçant un citoyen irréprochable entre la honte, les geoliers et les amendes d'un côté, les nécessités d'une légitime défense de l'autre, provoquent l'irrévérence des débats. Mais, heureusement, les droits de la royauté ont, en France, une origine si connue, si sacrée ; ils puisent dans cette origine une autorité si supérieure à la fausse et dangereuse doctrine du droit de l'épée, qui ne serait que le droit toujours incertain du plus fort, que la défense du journal, dans ces conjonctures, sera celle de la royauté elle-même, contre les imprudens panégyristes du *bon plaisir*.

Dans la feuille du 5 février, nous dit la plainte, *le journaliste, fidèle à son plan, remue d'abord les passions populaires.* — Comment cela ? *Il reproche aux Maréchaux de France d'avoir eu la faiblesse de changer leur habit, couvert d'une noble poussière et noirci par la victoire, contre le manteau brillant de la féodalité, et d'avoir dénationalisé leurs noms.* — On ne voit guère ce qu'ont de commun les *titres* ou les *habits noircis* des Maréchaux de France, avec les *passions populaires*, et encore moins avec les droits de la naissance du Roi, qui n'est pas celui qui leur a conféré leurs titres.

La plainte poursuit : *Le journaliste, s'adressant plus bas aux signataires d'une pétition transmise à la chambre des députés pour demander la mise en accusation des Ministres, leur dit :* « Fiers de » votre honorable industrie, *vous préférerez vos* » *boutiques*, premier élément de la prospérité na-» tionale, aux demeures voluptueuses de ces fai-» néans titrés, qui vous parlent du haut de leur » grandeur, et qui ne craignent pas d'insulter aux » hommes dont ils dévorent la substance. » Certes, Messieurs, si les passions, excitées par les colonnes du journaliste, ne tendent qu'à attacher nos industriels à leurs *boutiques*, le mal, je crois, n'est pas grand ; et je ne vois point encore comment une *passion* si innocente, et où d'autres pourraient voir une vertu, serait capable de compromettre les droits de la naissance du Roi.

Quant à cette classe de *fainéans titrés*, à qui un journaliste plébéien rend mépris pour mépris, leur superbe inutilité a exercé plus d'une fois et la censure de nos orateurs sacrés, et les patriotiques pinceaux de M. le Procureur-général lui-même : *Il y eut jadis*, disait le magistrat à la tribune nationale, c'est-à-dire à 30 millions de Français et à toute l'Europe, *il y eut jadis en France des ilotes politiques : ceux qui les firent croiraient-ils l'être, parce que ceux qui l'étaient ne le sont plus* (1) ? Massillon allait plus loin encore, et disait : « Quelle » affreuse providence, si toute la multitude des » hommes n'était placée sur la terre que pour *servir* » *aux plaisirs* d'un petit nombre d'heureux qui » l'habitent, *et qui souvent ne connaissent pas le* » *Dieu qui les comble de bienfaits* (2) *!* Cette double apostrophe vaut bien celle du journaliste, et la moralité qu'elle renferme ne fut jamais attaquée.

Pourquoi donc M. le Procureur-général blâme-t-il, dans *le Précurseur*, des doctrines et des sentimens qu'il a lui-même enseignés? Pourquoi trouve-t-il répréhensible, dans ce journal, une censure puisée dans la chaire de vérité, dans ses propres leçons? Et après tout, qu'y a-t-il de commun entre les droits sacrés que le Roi tient de sa naissance, et ces satires communes et presque usées contre l'orgueil des grands qui oppriment, ou qui abusent?

----

(1) *Moniteur* du 18 février 1819.

(2) Sermon pour le 4.me dimanche du Carême.

C'est entre ces réflexions sur les habits des maréchaux, et sur l'avidité des fainéans titrés, *que l'é-
diteur a jeté*, dit la plainte, *cette phrase :* « Qu'il
» n'est pas un pouvoir dans la monarchie constitu-
» tionnelle, qui soit *institué pour lui-même*, à com-
» mencer par le Monarque, à finir par le garde-
» champêtre ; tous doivent agir dans les intérêts
» généraux ; tous sont, dans leurs attributions res-
» pectives, les *représentans* de la nation. »

On pourrait dire qu'il y a absence de tact à
marquer, par des expressions qui répugnent à
nos délicatesses, les deux extrémités de l'échelle de
l'autorité publique ; mais de-là au délit, il y a l'in-
fini. Qu'on y prenne garde : il faudrait considérer
comme bien corrompu le peuple chez qui la poli-
tesse serait la première loi, chez qui le simple man-
quement à quelque bienséance sociale tomberait
dans le domaine de la police correctionnelle. Mais
non ! chez aucun peuple, une expression échappée
à la rapidité de la composition, et qui ne blesse que
le goût, ne saurait être un crime. La pensée a été
la même que si le rédacteur eût dit : à commencer
par le monarque, les deux chambres, les ministres,
à finir par les préfets, les commissaires de police et
les gardes-champêtres. S'il eût observé ces grada-
tions, la phrase n'eût pas même été remarquée.
Or, qui pourrait désavouer qu'elles n'y soient vir-
tuellement sous-entendues ? Personne assurément,
pas même l'auteur de la plainte, qui n'a point

songé à critiquer la construction de la phrase ;
pas même l'arrêt de la chambre d'accusation , qui
répète l'expression comme faisant partie de la doctrine incriminée , dans ses rapports avec les droits
du monarque , et non comme répréhensible en elle-
même , et sous des rapports d'offense.

Le journal serait-il plus coupable pour avoir dit
qu'aucun pouvoir n'a été *institué pour lui-même ;*
que tous les pouvoirs doivent agir dans le sens *des
intérêts généraux ?*

Je comprendrais cette accusation à Constantino-
ple , dans des paroles tombées de l'étrier impé-
rial sur des têtes esclaves ; mais je la combat-
trai, je la repousserai comme une offense à toutes
nos libertés anciennes et modernes, comme un outrage à la Charte et à son auguste auteur; je la repousserai avec les voix les plus illustres de l'église
et de la magistrature ; avec le suffrage de nos rois
eux-mêmes.

Écoutez, Messieurs, cet éloquent Massillon, ce
grand citoyen, ornement de la chaire, adressant la
parole au grand Roi (1) :

« Sire, disait-il , toute puissance vient de Dieu,
» et tout ce qui vient de Dieu n'est établi *que pour*
» *l'utilité des hommes.* Les grands ne doivent leur
» élévation qu'aux besoins publics; et, loin que les

____

(1) Sermon pour le 4.ᵐᵉ dimanche du Carême.

» peuples soient faits pour eux, *ils ne sont eux-*
» *mêmes tout ce qu'ils sont que pour les peuples.*

» Un grand prince n'est pas né pour lui seul. Les
» peuples, en l'élevant, lui ont confié la puissance
» et l'autorité ; mais *ce n'est pas une idole qu'ils*
» *ont voulu faire pour l'adorer.* C'est un surveillant
» qu'ils ont mis à leur tête pour les protéger et les
» défendre. Ce sont les peuples qui, par l'ordre de
» Dieu, les ont faits tout ce qu'ils sont ; *c'est à eux*
» *à n'être ce qu'ils sont que pour les peuples.* » Je
ne sache pas que ce généreux discours ait été brûlé
au pied du grand escalier du palais.

Écoutez Malesherbes, ce ministre philosophe qui
ne fut pas moins l'ami de son roi que Sully, et qui
fut si grand dans la magistrature :

« Sire (disait-il, comme premier président de la
» cour des aides le 18 février 1771) ; Sire, par
» quelle fatalité veut-on forcer vos plus fidèles su-
» jets à rappeler à leur maître les lois que la Provi-
» dence lui a imposées en lui donnant la couronne?
» ..... Non, Sire, malgré les efforts et les artifices
» de ceux qui veulent rompre tous les liens de
» votre monarchie, on ne vous a point encore per-
» suadé qu'il n'y ait *aucune différence entre la na-*
» *tion française et un peuple esclave.* »

Écoutez l'illustre Bossuet (1) : « Le vrai caractère

______

(1) Politique de l'Ecriture sainte.

3..

» du prince est de pourvoir aux besoins du peu-
» ple, dont il est le père par sa charge. »

Écoutez surtout ce vénérable Pasquier, auteur de
tant de *savantes recherches sur la France* (1) :
comme il s'indignait des fausses et dangereuses doctrines de ceux qui prétendaient alors, comme aujourd'hui, élever l'autorité des princes au-dessus
de celle des lois ! « O aveuglée opinion, disait-il, de
» penser que les rois mêmes se pensent (*se croient*)
» pardessus la loi ! Mais ainsi l'ont écrit les anciennes
» lois de Rome ! Je t'accorde que ces empereurs
» qui jadis, par le tranchant de leurs épées, firent
» vouer au peuple romain une perpétuelle servi-
» tude, *prirent cette prérogative* comme voulurent
» leur faire accroire *quelques flattereaux de légis-*
» *tes.* Mais aussi quels empereurs !.... »

N'est-ce point assez ? voulez-vous puiser vos doctrines dans la bouche même de nos rois, de nos rois
les plus absolus ? Écoutez encore, Messieurs.

« Souvenez-vous, mon fils, disait Louis-le-Gros
» à Louis VII, et ayez toujours devant les yeux que
» l'autorité royale n'est qu'une *procuration et charge*
» *publique* dont vous rendrez un compte rigoureux
» à celui qui dispose des sceptres et des couron-
» nes (2). »

Louis XI qui, je crois, n'était pas suspect de libé-

---

(1) Page 892, lettre *C.*
(2) Histoire de France par Velly.

ralisme, disait à son fils Charles VIII, en mourant :
« Quand les rois ou les princes n'ont regard à la
» loi, en ce fesant ils perdent tous leurs droits. »

Louis XIV, dans l'un de ses édits, disait (1) :
« Nous savons que la couronne n'est à nous que
» pour le bien et le salut de l'État. »

Renvoyons donc au - delà des Pyrénées cette
étrange maxime, que le pouvoir suprême ne soit
institué qu'au profit de celui qui l'exerce, et non
dans les *intérêts généraux* de l'État, et qu'on ne
vienne pas nous dire qu'*il n'y a plus de Pyrénées.*

Cependant, Messieurs, la plainte ne se tient pas
encore pour vaincue : chassée d'une position, elle
se réfugie avec intrépidité dans une autre.

Le Précurseur, vous l'avez vu déjà, a dit dans sa
feuille du 5 février, que « tous les pouvoirs sont,
» dans leurs attributions respectives, *les représen-*
» *tans de la nation.* » Il a dit dans sa feuille des 8
et 9 mars : « Le pouvoir *législatif* et le pouvoir *exé-*
» *cutif* ne peuvent se constituer eux-mêmes : ils
» sont par conséquent une *délégation* de la puis-
» sance nationale. Autrement, ils seraient usurpa-
» teurs et illégitimes. Tout pouvoir légitime a donc
» un caractère *représentatif*. Ainsi, le gouverne-
» ment, en France, est *monarchique*, parce que le
» Roi, placé au sommet de la pyramide sociale, est
» supérieur aux autres pouvoirs sous bien des rap-

______

(1) Edit de 1717.

» ports. Il est *constitutionnel*, parce que les pou-
» voirs souverains sont également soumis à la Charte.
» Il est *représentatif*, parce qu'ils ont reçu leur
» mandat de la nation, et qu'ils la représentent. »

« Ainsi, nous dit la plainte, le journaliste reproduit les *théories qui ont servi de base à la révolution
qui renversa le trône*, c'est-à-dire, la *souveraineté
du peuple*, et la *délégation conditionnelle* de la puissance nationale à un roi qui n'est que le mandataire
de la nation. »

Et on a ajouté, dans le cours de l'audience, que
tout *mandataire* étant révocable, il n'y avait plus ni
royauté héréditaire, ni inviolabilité.

Qui se serait douté, Messieurs, qu'on dût aller
chercher le *droit public* d'une monarchie de quinze
cents ans, dans quelques articles du Code civil sur
le contrat de *mandat* entre particuliers?

Est-ce d'ailleurs que tout mandat est essentiellement révocable? Le magistrat est bien un délégué
du Roi pour rendre la justice en son nom : n'est-il
pas inamovible? Un député est bien un délégué du
peuple, pour concourir à la confection des lois au
nom des communes : est-ce que ses commettans,
irrités de ses votes, par exemple, contre la liberté
de la presse ou contre l'indépendance du jury, pourraient le révoquer?

Mais tout n'est pas ridicule dans la plainte : elle
offre des rapprochemens auxquels on pourrait donner une toute autre dénomination. Est-ce la justice

qu'on invoque, ou est-ce aux passions qu'on fait un appel, quand on vient exhumer d'un temps qui est déjà loin de nous, ces *théories de révolution*, de *souveraineté du peuple*, auxquelles on suppose que *le Précurseur* voudrait revenir, et dont pourtant les articles incriminés ne présentent pas même la pensée?

L'époque à laquelle on fait allusion, est celle de 1789. On la calomnie. On voulut alors affermir sur des bases constitutionnelles et immuables un trône à demi écroulé par les fautes de ses ministres, par les prétentions et la cupidité des gens de cour; on ne voulut pas le renverser, on ne le renversa pas. C'est une époque où l'irritation de tous les esprits contre un ministère sans pudeur et sans foi, fit sans doute commettre des fautes, mais ne fit pas de la plus illustre assemblée, une assemblée de conspirateurs; c'est une époque, comme l'a dit dans un autre temps M. le Procureur-général lui-même, *où la France généreuse, mais égarée, confondit le trône avec une caste qui voulait exclusivement en être le bras, le lustre et le suppôt* (1). Il ne faudrait donc pas faire une guerre si cruelle à ceux que de semblables griefs rempliraient de semblables sentimens, s'ils se hasardaient à les exprimer.

Mais, s'écrie-t-on, faire du Roi un *délégué*, un *représentant!* quel renversement de tous les prin-

----

(1) M. Courvoisier, session de 1819. (*Moniteur* du 25 mars.)

cipes de la monarchie ! quelle attaque contre les
droits que le Roi tient de sa naissance!

Ainsi, la raison, les souvenirs de l'histoire, les
monumens des siècles, les oracles de nos plus cé-
lèbres publicistes, le suffrage même de nos rois,
tout est oublié en un instant!

La raison, cependant, si on daignait la consulter
avec quelque bonne foi, ne dirait-elle pas que la
nature n'a fait ni magistrats, ni ministres, ni rois?
Les hommes, nous dit d'Aguesseau (1), *naissent
égaux par leur essence*. Mais l'homme, considéré
dans un état de solitude et d'isolement, ne pouvant
se suffire à lui-même, a été porté par l'instinct de la
nature à se réunir en société avec ses semblables; et
la société ne pouvant se gouverner sans chefs, elle
a déposé le pouvoir entre les mains d'un ou plusieurs chefs suprêmes, suivant les différentes formes
de gouvernement.

L'autorité d'un seul chef est celle qui a été le plus
souvent préférée : c'est celle qu'avaient choisie nos
aïeux, long-temps avant l'invasion des Romains;
c'est celle qui s'est perpétuée depuis la chute de
l'empire, et qui s'est identifiée avec nos mœurs.

Telle fut l'origine du pouvoir royal parmi nous.
C'est l'offenser que de lui prêter pour principe la

---

(1) *Institution au droit public*, 2.me partie, N.° X, tome 1,
page 529.

force ou l'usurpation ; que de lui appliquer, comme on l'a fait à l'audience, cette fausse maxime :

« Le premier qui fut roi fut un soldat heureux. »

On sait ce qu'est devenu, en 1814 et en 1815, le *soldat heureux* qui s'était assis plusieurs années sur le trône des Bourbons. Le pouvoir de nos rois a heureusement une source plus respectable et plus sûre, c'est le choix de nos pères.

« Oui, Sire, » disait l'un de nos plus grands orateurs, Massillon (1), à l'un de nos plus grands rois, Louis XIV ; « oui, c'est le choix de la nation qui mit
» d'abord le sceptre entre les mains de vos ancê-
» tres ; c'est elle qui les éleva sur le bouclier mili-
» taire, et les proclama souverains. Le royaume
» devint ensuite l'héritage de leurs successeurs,
» mais *ils le durent originairement au consente-*
» *ment libre des sujets.* Leur naissance seule les mit
» ensuite en possession du trône, *mais ce furent*
» *encore les suffrages publics qui attachèrent d'a-*
» *bord ce droit et cette prérogative à leur naissance.*
» En un mot, comme la première source de leur
» autorité *vient de nous*, les rois n'en doivent faire
» usage que pour nous. »

Le Précurseur, qu'on accuse, a-t-il parlé un autre langage ? Cette antique théorie est de tous les temps ; elle a son fondement et ses preuves dans les monumens de l'histoire. Clovis ne fut roi que parce

---

(1) *Petit-Carême* ; suite du passage déjà cité.

que le peuple armé l'éleva sur le pavois. Hugues
Capet, chef de la race antique qui nous gouverne,
ne fut roi que par le choix de l'assemblée de Com-
piègne (1). Ses successeurs ont été et devront toujours être appelés par le droit de leur naissance, en
vertu de la loi salique, ouvrage de nos pères; de
cette loi, consacrée par nos états-généraux, et qui
eût épargné à l'Angleterre trois cents ans de guerre
civile, si elle y eût existé. Voilà toute la théorie de
la royauté en France; voilà les droits que le Roi
tient de sa naissance; voilà la légitimité telle que
l'ont faite l'histoire et nos ancêtres, et personne que
je sache ne songe à contester là-dessus.

Les rois ne sont donc que d'augustes *délégués*,
d'augustes *mandataires*, d'augustes *représentans*
des peuples, mais des *représentans* héréditaires,
sacrés, inviolables; c'est dans ce sens que Louis-le-
Grand prononça ces paroles mémorables : *L'État,
c'est moi.* C'est dans ce sens que nous disons aujour-
d'hui : *le Roi est l'État vivant;* c'est dans ce sens
que l'on donne le nom de gouvernement *représentatif* à notre gouvernement constitutionnel. Et qui
donc serait le *représentant* suprême, si ce n'était le
Roi? Que serait le Roi si la nation était représentée
par d'autres que par lui ?

---

(1) **M. Thierry** dit : *L'assemblée de Noyons.* — Les chro-
niques ne s'accordent pas sur le lieu; mais peu importe le
lieu, dès qu'il demeure avéré qu'une assemblée politique donna
la couronne à Hugues Capet.

Il y a donc une bien déplorable susceptibilité, une aberration bien incompréhensible dans la censure qu'on a faite de ces expressions si naturelles, si inoffensives, de *représentant*, de *délégué*, de *mandataire*, dans leur rapport avec le pouvoir suprême; elles sont écrites à chaque page de notre histoire; elles sont consacrées par nos plus illustres prélats, par tous nos publicistes. On les trouve dans la bouche même de nos rois.

Par le fameux traité de Troyes, Charles VI avait transmis sa couronne au roi d'Angleterre. A cette occasion, Dutillet dit qu'en aucun cas un roi n'avait le droit de disposer de la couronne de France, dont il n'est qu'*administrateur*, non *seigneur* ou *propriétaire*.

Pierre Dubelloy, avocat-général au Parlement de Toulouse, disait de même, à cette occasion , que le Roi n'est que *tuteur*, *curateur* ou *fructuaire et administrateur*.

Savaron, dans son *Traité de la souveraineté du Roi*, se sert littéralement des mêmes expressions.

Et comment pourrait-on jeter le moindre doute sur ces antiques doctrines, lorsque l'on voit nos rois eux-mêmes se complaire dans le titre d'*élus du peuple : misericordiâ Domini et* ELECTIONE POPULI REX CONSTITUTUS (1)?

____

(1) Louis-le-Bègue avait particulièrement adopté cette formule.

La rouille des siècles n'a point effacé ces dogmes de notre monarchie : ils apparurent de nos jours, à l'Assemblée constituante, dans tout l'éclat de leur mémorable origine, et reçurent les unanimes hommages de ces illustres amis du trône, qui défendaient avec raison la Majesté royale comme la *divinité tutélaire des Français.*

Prêtons un moment l'oreille à ce jeune Cazalès, de chevaleresque mémoire, cet Achille de la tribune, si brillant d'un amour presque céleste pour la royauté : quelle était aux yeux de ce royaliste si fidèle, l'origine du droit de succession de la famille royale à la couronne ? « *Elle le tient*, disait-il, *du* » *vœu du peuple Français depuis huit cents ans ; du* » *vœu que ce même peuple a exprimé de nos jours,* » *quand il a ordonné à ses députés de reconnaître* » *ce principe.* Je ne pense pas que le Roi tienne sa » couronne de Dieu et de son épée ; je n'admets » point *ces contes ridicules.* Il la tient du vœu du » peuple, mais *il y a huit cents ans que le peuple* » *Français a* DELEGUE *à la famille royale son droit* » *au trône....* Cette DELEGATION *ne vient pas de* » *vous* (1) ».

Cette délégation ! vous l'entendez, Messieurs ! *Le peuple Français a délégué !* Prétendrait-on ici être plus royaliste que Cazalès ?

---

(1) Procès-verbaux de l'Asssemblée nationale constituante. (Séances des 26 et 28 mars 1791.)

Voici les paroles d'un autre député non moins dé-
voué à la couronne, de M. Duval d'Espréménil :
« *Il ne s'agit pas*, disait-il, *de savoir si la royauté*
» *est une fonction publique, si elle impose des obli-*
» *gations, il·n'est personne qui n'en convienne.* »
Prétendrait-on être plus royaliste que M. d'Espréménil ?

Ces deux nobles chevaliers de la Monarchie, pas
plus que le *Précurseur*, n'entendaient point pour
cela que le Roi chargé de la plus éminente des *fonc-
tions*, fût un *mandataire* révocable. Non certes,
car ils juraient de *s'ensevelir sous les débris du
trône*, plutôt que de souffrir qu'on mît en question
les droits que le Roi tient de sa naissance.

La Charte n'a rien changé à ces dogmes; elle a
seulement réglé l'exercice et la pondération des
pouvoirs. Ce n'est pas la Charte qui a fait de la France
une monarchie, une monarchie héréditaire et mas-
culine; ce n'est pas dans la Charte qu'on trouve les
lois constitutives de la royauté. Mais elle a *con-
servé* la royauté, telle que nous l'avaient donnée
nos ancêtres; son auguste auteur n'a pas eu d'autre
pensée que de *lier les temps anciens aux temps
modernes*, en organisant, selon le vœu des besoins
nouveaux et des mœurs nouvelles, un gouvernement qui de toute ancienneté renfermait en lui-
même tous les élémens du système *représentatif :*
nos Rois sont donc demeurés, depuis la Charte
comme auparavant, les *délégués*, les augustes *re-*

présentans d'un peuple qui fait son bonheur et sa gloire de leur obéir, et qu'on outrage avec absurdité, en supposant qu'il n'est pas *représenté* par ses Rois.

4.° PROVOCATIONS A LA DESOBÉISSANCE, A LA RÉVOLTE.

Mais du moins, si nous descendons de ces hautes régions pour abaisser nos regards sur des délits plus vulgaires, ne trouverons-nous point quelque chose de *séditieux* dans les doctrines, dans les prévisions du journaliste?

Voici le passage incriminé; il est dans la feuille du 16 février 1827 :

« Il y a erreur et ignorance à prétendre aujour-
» d'hui établir un despotisme durable. On peut
» l'imposer par la force, pour un temps; mais il
» faut qu'il cède bientôt à *l'action permanente de*
» *la pensée, à cette force expansive supérieure à*
» *toutes les forces.* Il faut que cet obstacle lui cède
» sans trop de retard, ou bien il y a explosion, et
» *la force comprimante est détruite.* »

Voici, à présent, le commentaire de la plainte :
Ces dernières expressions sont claires : l'explosion qui renverse l'obstacle , qui détruit la force comprimante, c'est la violence et la révolte.

Ce qui est beaucoup plus clair, c'est que le journaliste n'a pas dit un mot de tout cela; c'est que dans ce passage, il ne fait la guerre qu'au despotisme, et n'appelle à sa ruine que l'opinion et le temps. Si *on peut*, dit-il, *l'imposer par la force* (le despotisme), l'action *permanente* de la pensée, sa *force expansive* est là : tôt ou tard, elle doit l'emporter ; tôt ou tard, la *force comprimante*, aux prises avec cette terrible ennemie, doit s'user, doit céder. Voilà tout l'article. Y a-t-il un seul moraliste, un seul politique sur la terre, qui osât nier la toute-puissance de l'opinion et des lumières sur les abus ? Toute action injuste ou violente n'appelle-t-elle pas une réaction ? cette immense vérité n'est-elle pas dans l'ordre moral comme dans l'ordre physique ?

Mais cette réaction, cette *explosion*, suivant la plainte, *c'est nécessairement la violence et la révolte !* Qui a dit cela ? c'est l'accusateur ; c'est l'accusateur, substituant de captieuses interprétations aux pensées, aux véritables paroles de l'accusé. Celui-ci n'a fait d'appel qu'à la puissance *permanente* et irrésistible de l'opinion, qu'à son action lente, paisible, mais inévitable, et dont la puissance s'est manifestée en tout temps par d'illustres exemples ; il n'est pas allé plus loin.

Est-ce *la violence* et *la révolte*, en effet, qui nous ont donné notre Charte ? la devons-nous à une *explosion* rebelle, ou à l'*explosion* des lumières unies aux méditations et à l'autorité de Louis XVIII ? Ce prince ne l'a-t-il pas octroyée aux *vœux*, aux *besoins* publics, à l'opinion universelle qui, depuis long-temps, sollicitaient une constitution appropriée à l'état moderne de la société ?

Est-ce la violence, est-ce la révolte qui ont donné une Charte à la Hollande, à la Bavière, au Wurtemberg ? Dans ces Chartes où plusieurs grands princes ont si glorieusement et si heureusement réparé la débilité des gouvernemens absolus, en les retrempant dans la jeunesse et la virilité des gouvernemens représentatifs, reconnaissez-vous autre chose, Messieurs, que l'inévitable influence de l'opinion publique ; que cette autorité de la pensée, reine paisible du monde politique comme du monde intellectuel, et dont la *force* est toute morale ?

Sans doute, on ne méprise pas toujours impunément l'opinion publique, témoin les misères et l'abaissement de l'Espagne moderne ; mais elle n'a besoin ni de *violence*, ni de *révolte* pour établir son empire : son secret est d'attendre, parce que sa force est dans la force des choses. Voilà tout ce qu'a dit, tout ce qu'a voulu dire le journaliste, quand il a observé ailleurs que, *tôt ou tard, l'opinion entraîne les gouvernemens, suivant qu'elle se montre plus ou moins pressante.* Voilà ce qu'il a dit, ce qu'il a voulu dire, quand il a fait remarquer que la faction ennemie de nos institutions les a rendues *plus chères aux Français*, et a donné à leur attachement pour la Charte *plus de vivacité. Et cette vivacité* d'un attachement dont nos sermens nous font un devoir sacré, ne serait, suivant le langage de la plainte, qu'un esprit de *révolte !* A ce prix, la haine de la Charte, une conjuration avouée contre la loi des lois, serait donc une vertu? Étrange conclusion où conduit, sans qu'on y pense, une attaque irré-fléchie!

Mais, nous dit la plainte, que signifie donc cette phrase du journal : « Le Lyonnais est, de sa nature, » inoffensif et confiant. Agacez-le un peu, essayez » de lui *ravir sa liberté*, et vous l'allez voir BRAVER » LES TYRANS, affronter les *périls*, supporter les » *douleurs* avec constance, et mourir en héros ? » *N'est-ce pas là une provocation à la résistance ?*

Vous allez les voir braver les tyrans : entendez-vous? *les tyrans.* Mais qu'y a-t-il de commun entre la résistance aux *tyrans*, dont parle uniquement le journal, et une désobéissance aux gouvernemens légitimes? Qu'y a-t-il de commun entre *les tyrans* qui nous *raviraient nos libertés*, et le gouvernement légitime et paternel d'un Bourbon, source auguste des mêmes libertés ? Quelle confusion sacrilége! O mes concitoyens ! magnanimes Lyonnais du 29 mai, qui sûtes braver la mort pour résister à ces tyrans dont les mains parricides, toutes dégoutantes encore du sang du plus vertueux de nos rois, s'apprêtaient à vous décimer! courbez vos fronts dans la poussière : vous n'êtes, aux yeux de l'accusation, que des rebelles. Lyonnais qui, dans votre immortel dévouement à toutes les souffrances et à tous les périls d'un long siége, pensiez vous honorer en combattant et mourant pour la défense du trône et de la liberté, pour la défense de vos

épouses, de vos enfans, de vos fortunes! éloignez-
vous : vous n'êtes que des rebelles. Et vous, braves
Helvétiens, braves Américains, illustre Washington,
qui, au prix de votre sang, avez secoué le joug d'une
insupportable tyrannie! que votre mémoire s'abîme
dans un éternel néant : vous ne fûtes que des rebelles. Périssent à jamais les récits et les monumens
de votre fausse gloire ! ces récits et ces monumens
ne sont qu'un appel à la révolte.

A quoi bon toutefois signaler ces lamentables aber-
rations de la plainte! *le Précurseur* n'a pas même fait
allusion à ces grands exemples; il n'a fait d'appel
qu'au temps, au temps qui est la providence des peuples; il ne parle pas de résistance, mais de longanimité; il ne parle ni d'attaque ni de défense, mais de
souffrir et mourir plutôt que de trahir sa conscience.
C'est la résistance et la foi des martyrs; c'est la résistance de cet immortel Lavaquerie qui, menacé
par Louis XI d'être mis à mort avec tout le Parlement qu'il avait l'honneur de présider, pour l indo-
cilité de ce corps à des ordres illégitimes, alla avec
son illustre compagnie, en robes rouges, offrir à
la colère du Roi les têtes proscrites.

Voilà les révoltes du *Précurseur ;* voilà le crime et
le coupable. Geoliers! vos chaînes sont-elles prêtes ?

Mais, que répondrez-vous, nous dit encore l'accusation, à ce passage plein de témérité où le rédacteur du journal loue nos pères « d'avoir revendi-
» qué, en 1789, leurs droits imprescriptibles; d'a-

» voir senti leurs âmes s'exalter au mot sacré de
» liberté; d'avoir brisé les indignes fers que la
» force leur avait imposés? » Que direz-vous de
cette *effronterie* avec laquelle le journal soutient
que de prétendus attentats à la charte « ont dû,
» par la nature des choses, donner à l'opinion cette
» *force souveraine*, cette vivacité ferme et inébran-
» lable qui ne pactise pas, et à laquelle les gou-
» vernemens sont obligés de céder, sans conserver
» l'alternative du *tot* ou du *tard!* » N'est-ce pas
là, nous dit la plainte, *légitimer, sanctifier ce
droit d'insurrection*, cette *souveraineté du peuple
qui a renversé le trône?*

Ce que nous répondrons! Nous livrerons d'abord
aux regrets de son auteur l'inconvenance des expressions. Nous lui dirons ensuite que *la force souveraine* de l'opinion, qui est une chose toute morale
et d'observation, n'a rien de commun avec *la souveraineté du peuple*, qui a un sens tout politique,
tout étranger aux colonnes du journal persécuté.

Nous lui dirons, que ce ne sont ni les principes
ni les hommes de 1789, qui ont renversé le trône;
que ce malheur fut réservé à d'autres temps et à
d'autres hommes.

Nous dirons que des factieux effrénés, profondé-
ment pervers, arrachèrent en 1793, des mains de la
noblesse, du clergé, du tiers-état, unis auparavant
dans un saint et patriotique accord, tous les fruits
de la victoire qu'ils avaient remportée, en 1789, sur
les abus.

4..

Nous dirons qu'en 1789, les cahiers des pro-
vinces furent unanimes pour le maintien d'une monarchie constitutionnelle ; que la charte n'a fait
que consacrer et asseoir plus tard , sur des bases
éclairées par l'expérience , les vœux de 1789.

Un peu de calme, sans doute, manqua aux
travaux de l'Assemblée constituante , et il ne
faut pas s'en étonner. Un ministère violent , qui
malheureusement ne fut ni sans héritiers ni sans
modèles , avait long - temps soulevé les esprits
par un mélange inouï d'audace et d'inhabileté ,
par l'excès des taxes , par la chute du commerce, par l'injuste distribution des faveurs ou des
places , par un déficit alarmant dans les finan-
ces, par le poids et la nouveauté des impôts qui
en devaient être le triste remède , et par d'autres fautes dont nous sommes encore témoins aujourd'hui. La magistrature résistait , et la magistrature fut offensée dans son indépendance et sa
dignité, par des exils , par des translations , par
des projets de grands baillages ou de cours plé-
nières , par des lits de justice. Les peuples enfin
étaient sans garanties, et l'irritation universelle ,
lorsque les ministres , abandonnés de tout le monde ,
épouvantés de leur propre ouvrage , rendirent à la
France le seul service qui fût encore en leur pouvoir,
un de ces services qui ont rarement des imitateurs,
celui de se retirer. Il était trop tard , le mal était fait.
Les États-généraux , convoqués dans ces circons-

tances orageuses, convertis bientôt après en une assemblée unique, sans contre-poids, se ressentirent de cette fâcheuse disposition des esprits, mais sans cesser jamais d'être fidèles à la royauté. Voilà l'histoire de 1789. Il faut licencier l'histoire et tous les faits, pour comprendre ce qu'a dit l'accusation à ce sujet. Qu'a fait le *Precurseur* ? il a opposé, comme une leçon salutaire, les fautes d'autrefois aux fautes d'aujourd'hui ; il les a rappelées comme un exemple de danger, aux hommes qui, en conspirant contre nos libertés pour revenir aux anciens abus, semblent invoquer eux - mêmes le retour des tempêtes. Mais bien loin de convier les Français à ces terribles commotions, il avoue qu'il en est *épouvanté* ; il s'alarme des *sinistres présages* signalés par lui : *Nous craignons*, s'écrie - t - il. Comment ces paroles n'ont - elles pas désarmé l'accusation? Avertir, détourner, est-ce provoquer ? Quel contresens !

Nous voilà bien loin, au reste, de l'article incriminé; mais nous avons dû suivre la plainte dans ses développemens, sans pourtant oublier que le tribunal est appelé uniquement à prononcer sur l'article incriminé. Ou l'article est inoffensif en lui-même ; et c'en est assez pour rejeter ce chef de plainte, quels que puissent être les autres articles. Ou le ministère public croit, comme il le dit, qu'il y ait, dans le journal attaqué, *un plan* d'hostilité, *un système* suivi de provocation ou d'offense , des *efforts constans* pour nuire au gouvernement du Roi ; et, en ce cas, il doit porter une accusation de *tendance* qui a ses formes et ses peines à part. Dès qu'il dénonce et poursuit un délit positif, il faut que ce délit éclate dans les articles incriminés, sans chercher du secours ailleurs.

Mais ou serait le délit de *provocation* ? pour la supposer dans un article, on est réduit à interpréter vingt articles les uns par les au res, à chercher, une loupe à la main, dans des feuilles oubliées, le venin que l'on prétend sentir dans celle qui est poursuivie. Qu'est-ce qu'un délit auquel on n arrive que par de si pénibles inductions ?

Ne croyez pourtant pas, Messieurs, que le *Précurseur* recule devant aucunes investigations. L'accusation cherche des lumières hors de l'article incriminé ! elle épie çà et là, à la manière de l'inquisition , les pensées dont le concours lui semble nécessaire pour prêter à un article inoffensif la couleur qu il n'a pas ! Eh bien ! nous venons à son secours ; nous allons avec elle aux recherches. Ecoutons, Messieurs :

Feuille du 21 avril : on y raconte la joie qu'avait inspirée à toute la ville de Lyon la grande nouvelle de la mort de la loi vandale : voici comment le *Précurseur* y faisait de la sédition :

« Au milieu de l'allégresse générale, nous ne » ferons pas entendre des paroles d'indignation ; » mais nous adresserons au Monarque constitu-

» tionnel l'expression d'une gratitude sans bornes ;
» et, pleins de confiance en celui qui a compris le
» vœu de la France, nous attendrons que d'autres
» vœux non moins chers parviennent jusqu'à lui ,
» convaincus qu'il n'ignore pas maintenant que
» ceux qui avaient cherché à le tromper, et à en-
» velopper une nation grande et généreuse dans
» les langes de l'ignorance, ne sont dignes ni de
» la France, ni de son Roi constitutionnel. »

Passons à une autre feuille, celle du 14 mars. Les feuilles ministérielles disaient des journaux constitutionnels, qu'*ils veulent soulever les masses ; que s'ils ne prêchent pas ouvertement la révolte, ils disent au peuple qu'il est opprimé, et que le peuple sait bien tirer la conséquence.* Voici l'esprit de sédition dans lequel le *Précuseur* répondit à cette attaque :

« Quelle est, s'écriait-il, cette étrange logique ?
» Signaler les abus, révéler les vices de l'admi-
» nistration , c'est être séditieux et provoquer à
» la rebellion ! Peut-être certains hommes ver-
» raient-ils avec joie *que l'on tirât de telles con-*
» *séquences ;* ils savent en effet que toujours, à la
» faveur des mouvemens populaires et des conspi-
» rations, l'autorité s'est agrandie, et que la liberté
» y a constamment perdu ; mais aujourd'hui on est
» trop éclairé pour tomber dans des piéges si gros-
» siers. Tous les Français savent comme nous que
» ce serait porter le dernier coup à nos libertés ,.

» et que *ce n'est qu'en restant fermes et courageux*
» *dans les voies légales* qu'on peut y ramener ceux
» qui s'en écartent avec tant d'imprudence.

» Quant à nous , nous le déclarons ici avec
» franchise , nous ne cesserons jamais de signaler
» les abus ; comme autrefois les supplians réfugiés
» sous les autels des Dieux , nous embrasserons la
» charte constitutionnelle , nous en invoquerons
» les dispositions tutélaires , et nous redirons sans
» cesse, *que la garde en fut confiée à tous les bons*
» *citoyens ;* mais aussi qu'on ne donne point à nos
» paroles une interprétation aussi contraire à notre
» pensée qu'aux intérêts de la patrie et de la li-
» berté. *Si nos plaintes sont vives, ce n'est point*
» *que nous fassions un appel à la révolte ;* c'est
» que nous faisons *appel à la protection de la ma-*
» *gistrature ;* c'est que nous faisons *appel à la*
» *sagesse de cette noble chambre ,* qui peut épar-
» gner à la France une loi funeste ; c'est que nous
» faisons *appel au ministère lui-même ,* s'il pouvait
» entendre la vérité ; c'est que, pardessus tout ,
» nous faisons *appel à la sagesse royale.* Tôt ou
» tard nos plaintes seront entendues ; la violence
» et l'erreur n'eurent jamais qu'une existence
» éphémère ; la vérité et la justice seules sont
» permanentes à toujours. »

Voilà ce qu'il fallait rapprocher de l'article incriminé, si l'on croyait avoir besoin d'explication ;
voilà ce qu'une loyale investigation eût dû préférer

à ces passages insignifians qu'on a si laborieuse-
ment torturés pour arriver par des interprétations
forcées à attaquer des lignes irréprochables. Les
voilà ces rebelles, ces provocateurs dont on accuse
l'effronterie. Qu'est - ce que cette *opinion* qu'ils
frappent coup sur coup, suivant la plainte? c'est
pour l'avertir de demeurer stationnaire et ferme
dans les voies légales, c'est pour la prémunir
contre le tort irréparable que les amis des libertés
publiques feraient à leur propre cause, s'ils se
laissaient aller à leurs trop justes alarmes, s'ils se
laissaient prendre aux piéges que peut leur tendre
l'ennemi. Qu'est-ce que cette *violence*, cette *rebellion* que conseille le journal? elle consiste dans
un humble appel à *la protection* des magistrats,
à *la sagesse* de la noble chambre, au *ministère lui-
même*. Qu'est-ce que cette *explosion* qui devait tout
détruire? c'est pardessus tout une invocation à *la
sagesse royale*, source de tout bien, impuissante
à faire le mal; c'est l'espoir d'être *tôt ou tard entendu*; c'est la confiance que le règne de *la violence et de l'erreur* est passager, que *la vérité et la
justice sont seules permanentes*. Qu'est-ce enfin que
ces cris de *sédition?* c'est un éclatant témoignage de
reconnaissance et d'amour pour le Monarque, qui
a compris les vœux de la France ; c'est la paisible
attente franchement exprimée, que d'autres vœux
à leur tour pourront parvenir jusqu'au pied du
trône ; c'est cette protestation publique et solen-

nelle, que *si les plaintes sont vives*, il faut se garder de les confondre avec *un appel à la révolte* qu'on désavoue. Voilà, Messieurs, voilà les rebelles, les révolutionnaires, les séditieux du *Précurseur.* Si c'est-là de la révolte, qu'on nous mène aux carrières.

Que veut donc l'accusation ? quel est l'esprit incompréhensible qui l'a inspirée ? Elle ne parle que d'attaques contre la royauté, que de provocations contre les lois; elle semble jouir à se tourmenter de complots imaginaires , quand de toute part on n'entend que des paroles de paix.

M. le Procureur - général reprochait , dans un autre temps non moins paisible , à M. de Villèle , de *montrer sans cesse le char révolutionnaire prêt à rouler avec fracas* (1) : aujourd'hui il l'imite. *Qu'il se rassure* , lui dirons-nous, comme il disait à M. de Villèle ; *qu'il se rassure : la France en a connu le bruit*, de ce char, *elle l'abhorre ; et s'il menaçait de nouveau , elle saurait je crois l'arrêter , comme elle a su naguères s'opposer à d'autres projets.* Nous ajoutons qu'il n'est pas un sincère ami de nos libertés, pas un coopérateur du *Précurseur*, qui ne fût prêt à voler à la défense de l'ordre constitutionnellement établi , à s'ensevelir , s'il le fallait, sous ses ruines. Voilà les provocateurs que l'on poursuit , le jeune et estimable accusé qui est sous vos yeux.

---

(1) *Moniteur* du 18 février 1819.

Répétons, Messieurs, que la loi n'a pas été faite pour de simples controverses politiques, quelque animées qu'elles soient, parce que ces polémiques sont peu intelligibles pour la multitude. M. le Procureur-général en a fait lui-même la remarque, dans une lettre qui est jointe au dossier, et qui termine l'ordre donné par ce magistrat pour la plainte.

« Vous recommanderez à votre substitut, di-
» sait-il à M. le Procureur du Roi, de serrer la
» discussion, afin d'éviter de donner au défenseur
» texte à disserter sur des *matières que le public*
» *ne saurait comprendre.* » Si ces matières sont au-dessus de l'intelligence du public, ce n'était pas la peine de s'alarmer de quelques expressions plus ou moins hasardées qui auraient pu échapper aux rédacteurs, dans une composition toujours préci- pitée, et, par cela même, toujours un peu ex- cusable ; ce n'était pas le cas de s'exposer aux in- convéniens d'une discussion publique et solennelle, sur des matières délicates, parce que ces incon- véniens, quoi qu'on fasse pour les éviter, sont infiniment plus graves et plus durables que des articles pour ainsi dire mort-nés, et courant à l'ou- bli, avec la plupart des autres choses de ce monde, presque aussitôt qu'ils ont paru.

Permettez, Messieurs, qu'à ce sujet, je remette sous vos yeux ces sages réflexions de l'un de nos meilleurs publicistes : « Ce n'est pas par déférence

» pour quelques auteurs qu'un peuple éclairé
» s'aigrit, s'émeut et se soulève ; il faut que des
» intérêts vrais, que de puissans intérêts l'excitent.
» Plus on écrira, moins les écrits seront à craindre ;
» plus on discutera, mieux on démêlera le vice des
» fausses doctrines..... La liberté garantit des mau-
» vais raisonnemens. » Ainsi parlait M. le Procureur - général dans un autre temps. La sagesse
de ces pensées arrivera aisément à vos esprits,
parce que le germe en est dans tous les bons esprits, dans tous les esprits éclairés.

Mais, dans une affaire qui est toute politique,
et qui, par sa nature, vous élevant en ce point
à l'une des plus hautes prérogatives des parlemens,
vous appelle à intervenir dans les plus grands et
les plus chers intérêts de l'État, il faut porter nos
vues plus haut, et considérer, sous des points de
vue plus élevés, une discussion où il ne s'agit que
d'intérêt public et de politique. C'est à cette dernière pierre de touche qu'il faut juger de la poursuite.
La nouvelle censure qui vient de nous envahir prê-
tera à ces réflexions un intérêt de plus.

« La liberté de la presse, vous dirons-nous avec
un penseur profond, la liberté de la presse est le
mobile du gouvernement représentatif ; elle en est
aussi le soutien. Notre but est d'affermir cette espèce de gouvernement ; *il faut donc en endurer
les inconvéniens*, pour jouir aussi de ses avantages.
Le gouvernement *est harcelé ?* on travestit ses

plans, on dénature ses intentions? *Sa justification doit être dans ses actes.*

» Espérait-on après une révolution, et sous la Charte, obtenir une déférence silencieuse pour le gouvernement et ses actes ? Espérait-on comprimer la presse, quand une opposition impuissante ne fit jamais, dans l'ancienne France, qu'en aggraver les effets fâcheux ?

» Mazarin put-il empêcher que le cardinal de Retz ne le fît passer, en huit jours, pour le fripon le plus déhonté de l'Europe? Le ministère de Louis XV put-il soustraire à l'avidité du public cette feuille hebdomadaire qui courut de 1728 à 1732, et cette autre feuille qui parut sous le titre de *Correspondance*, durant les dernières années du même régne ? Qu'on nous cite sous Louis XVI un ouvrage qui n'ait excité l'empressement du lecteur, en proportion des poursuites ou des censures dont il fut l'objet; et tout récemment, quel a été l'effet de la critique élevée contre la réimpression *des œuvres de Voltaire et de Rousseau ?.....*

» La lutte alors était inégale entre le gouvernement et la critique: l'un ne répondait que par des prohibitions et des poursuites; l'autre se fortifiait de ses actes et de son silence, sous le masque du bien public; l'effort, même factieux, semblait victime de l'arbitraire et de l'oppression.

» Il n'en est pas ainsi quand la presse est libre: alors, si la critique est juste, elle est efficace; si elle est fausse, l'opinion la juge avec calme : amie de l'ordre, parce que l'ordre établi la respecte, elle reste impartiale entre la défense et l'aggression Si l'aggression est coupable, la loi la réprime, et le citoyen applique la loi. Il sera porté à l'indulgence, mais l'état n'en sera pas moins sans danger; car (on l'a déjà dit) ce n'est point par déférence pour quelques auteurs qu'un peuple éclairé s'aigrit, s'émeut et se soulève; il faut que des intérêts vrais, que de puissans intérêts l'excitent.

» L'Angleterre fut *agitée violemment tant qu'on y sévit avec rigueur* contre les auteurs et leurs ouvrages. Elle cessa de l'être du moment où la pensée prit son essor sans avoir à redouter, même pour ces conceptions hardies, les alarmes du gouvernement *et la serre active de la poursuite.*

» En défendant l'impression de tout écrit, sans la permission de l'archevêque de Cantorbéry ou de l'évêque de Londres, Jacques 1.er ne fit qu'aiguiser les armes dont le fanatisme fit usage pour abattre le trône de son fils.

» Le supplice de Sidney, les arrêts sanglans de Jefferyes ont-ils affermi la puissance de Charles II et de Jacques II? Si l'on n'eût comprimé la presse, elle eût rappelé sans doute à ces princes qu'un Roi mûri par l'infortune, leur avait légué le sage conseil de placer leur force et leur gloire, non dans la satisfaction de quelques hommes, mais dans la liberté de leurs sujets.

» Guillaume III eût-il triomphé des ombrages qui le fatiguèrent au point de le décider à quitter le trône, si la presse qu'il redoutait et qu'il répugnait à rendre libre, n'eût contre son attente usé les germes d'indépendance et de révolte ?

» L'intérêt public exige non-seulement que la presse soit dégagée de toute mesure préventive, *mais on doit craindre de resserrer l'opinion dans ses progrès*, et la controverse dans la carrière, *en donnant trop de latitude à l'arbitraire de la poursuite.*

» Un peuple que la constitution appelle à concourir par le choix de ses députés à la répression des abus et à la confection des lois, doit s'éclairer sur les actes du gouvernement, et sur les modifications que les lois réclament. *C'est la presse qui l'éclaire, et si l'on en comprime trop rapidement, même les écarts*, on s'expose à en gêner *l'action*. Le but du gouvernement représentatif, est de fonder la sécurité publique sur le respect de tous les intérêts et de tous les droits ; *la publicité est le meilleur contre l'injustice, elle est inséparable de quelque licence* (1).

» L'opinion émet la pensée ; *l'attaque porte sur la chose ;* la provocation excite à l'action : or, *on peut attaquer un principe , sans provoquer à un complot* (2).

____

(1) *Moniteur* du 31 janvier 1819.

(2) *Moniteur* du 11 avril 1819, sur la liberté de la presse.

Ces paroles, MM., si pleines de lumière, de sagesse, d'un vrai zèle, sont de M. le Procureur-Général lui-même, parlant le 10 avril 1819, à la tribune de la chambre élective, au nom d'une commission chargée de l'examen de l'un des projets de loi de ce temps là sur la presse. A l'autorité d'un nom respectable, elles réunirent celle de la commission toute entière, celle de la chambre elle-même qui adopta le rapport et ses principes.

C'est donc sous la double protection des principes proclamés par les législateurs et par l'accusateur lui-même, que nous plaçons la défense. Législateurs, accusateur, accusé, défenseur, nous sommes tous d'accord sur les doctrines. Nous disons tous :

« Il faut craindre de resserrer l'opinion dans ses » progrès, et la controverse dans la carrière.

» Il faut craindre de donner trop de latitude à l'ar» bitraire, à la *force*, *à la serre active de la poursuite.*

» Il faut endurer *les inconvéniens* de la presse, » pour jouir de ses avantages, parce qu'il n'y a rien » de parfait parmi les hommes, et que la *publicité* » *est inséparable de quelque licence.*

» Il faut éviter d'en *comprimer trop rapidement* » *les écarts*, pour ne pas en *gêner l'action.*

» Il faut toujours considérer qu'on peut disserter » sur des principes de politique, sans être coupable » de révolte, *pourvu que la discussion ne soit qu'en* » *théorie*, et qu'elle ne contienne point de provo» cations directes et séditieuses. »

Ces propositions toutes incontestables , ont décidé notre cause d'avance ; et à quoi pourrait servir désormais une condamnation ? La société offensée ne punit pas *pour se venger* , mais pour contenir les autres hommes par l'exemple. La peine de mort , infligée pour un meurtre , ne serait qu'un second meurtre elle-même , si la nécessité de l'exemple ne semblait l'excuser. La presse n'a plus besoin d'exemple ; les baillons sont arrivés. Tout délit , toute apparence même de délit sont désormais et pour long-temps impossibles. La presse ne dira plus que ce que permettra la Censure. Toutes les susceptibilités peuvent désormais reposer endormies sous la garantie des chaînes qui viennent d'asservir la pensée. Il n'est donc plus permis de songer à d'inutiles rigueurs ; la censure a pourvu à tout. Et comme cette fois sans tirer à conséquence , la censure par un prodige dont elle sera elle-même étonnée , va se trouver d'accord avec l'exacte justice , le sieur Lukner a droit d'espérer un prompt acquittement. Nous le demandons avec confiance. (1)

---

(1) Le *Précurseur* a été fondé par une société animée des sentimens de patriotisme et de Constitutionnalité les plus purs et les plus désintéressés. Cette société sentait depuis long-temps le besoin, pour la ville de Lyon , d'un Journal politique qui fut l'expression de l'esprit et de l'opinion des habitans de cette grande cité pleine de zèle pour les progrès de l'industrie dont le sort est si étroitement lié à la conservation de nos Institutions. Elle résolut de faire tous les sacrifices qui seraient nécessaires pour établir ce journal et pour le soutenir. Grâces à ces sacrifices et d'argent et de soins, Lyon possede un journal constitutionnel , organe, nous osons le dire, de l'immense majorité de ses citoyens.

Quelle a dû être notre surprise quand nous avons entendu M. le substitut du procureur du roi dire que la cupidité avait donné naissance au *Précurseur* , comme à la plupart des journaux. La cupidité ! Ce mot a échappé sans doute a ce jeune magistrat dans la chaleur, nous pourrions dire plutôt dans l'embarras de l'improvisation; car il ne manque pas d'avoir ouï nommer quelques-uns des actionnaires et des rédacteurs de cette feuille. Tout le monde sait que la cupidité a des moyens plus lucratifs et plus sûrs que celui d'écrire dans les colonnes d'un journal de l'opposition, et que la carrière des places est plus lucrative. Quant aux autres journaux , ce n'est sans doute ni au Globe, ni au Journal de Commerce de Paris, ni à celuj des Debats, ni au Courrier Français, qu'on a voulu faire cette injure, car leur ho. norable indépendance constate leur desinteressement, et l'on sait comment le Courrier, en particulier, a accueilli certains offres. Tous ont été entrepris dans l'interêt de la civilisation, et auront bientôt, il faut l'espérer, autant de lecteurs qu'il y a de gens qui pensent. Quand le magistrat qui nous a traité avec si peu d'égard, aura étudié notre droit public avec l'attention qu'il mérite, il se convaincra aisément que le *Précurseur*, comme les journaux dont nous venons de parler, n'a point été suscité par une passion vile, mais bien par l'amour du pays et de l'humanité, par la noble ambition de propager les lumières utiles et d'exciter tous les sentimens qui peuvent rendre les français dignes d'institutions qui sont le prix de trente années de pénibles travaux, d'institutions qui font, depuis long-temps, le bonheur et la prospérité des plus grandes nations.

(*Note de l'un des Rédacteurs.*)

PLAINTE

Rendue par M. le procureur du Roi près le tribunal correctionnel de Lyon , contre l'Editeur du PRÉCURSEUR.

Le procureur du roi déclare rendre plainte contre l'éditeur responsable du *Précurseur*, comme coupab'e :

1° D'offenses envers la personne du roi et d'attaques contre la dignité royale; délits prévus par l'art. 9 de la loi du 17 mai 1819, et par l'article 2 de la loi du 25 mars 1822.

2° D'efforts soutenus pour provoquer les citoyens, soit à désobéir aux lois, soit à s'armer contre l'autorité roya'e; délits prévus, le premier, par l'art. 6 de la loi du 17 mai 1819; le second, par l'art. 87, § 4 du code pénal combiné avec l'art 2 de cette loi.

3° D'attaques contre les droits que le roi tient de sa naissance; délit prévu par l'art. 2 de la loi du 15 mars 1822.

Lesquels délits résultent des différentes feuilles dudit journal.

Savoir : 1° les offenses envers la personne du roi et les attaques envers la dignité royale, des passages suivans :

Le journaliste, dans sa feuille du 4 de ce mois, rend compte de la revue du 29 avril : « En un mot, dit-il, la garde nationale de Paris a fait entendre les cris: *A bas les jésuites! A bas les ministres! vive la charte!* » Il ajoute, et voici le passage incriminé :

« La garde nationale de Paris a crié : vive la charte! Elle en
» avait le droit; elle a fait son devoir. Et comment, tandis que
» des insensés attaquent nos institutions les plus précieuses!
» tandis que des factieux réclament à grands cris le pouvoir ab-
» solu, l'on voudrait imposer silence aux bons citoyens! Non,
» non, ne l'espérez pas ; une loi , et non une ordonnance, une
» loi du 15 mars 1815, a confié le *dépôt de la charte constitution-*
» *nelle et de la liberté publique a la fidélité et au courage de*
» *l'armée , des gardes nationales et de tous les citoyens,* bien
» la garde nationale de Paris a prouvé qu'e le voulait garder ce
» dépôt sacré, et la fidélité et le courage de tous les citoyens
» sauraient imiter un si noble exemple. »

Le rédacteur isole ici avec adresse le cri de *vive la charte!* des autres cris simultanément proférés : c'est pourtant la conduite de la garde nationale de Paris qu'il entend justifier dans son ensemble ; c'est l'exemp'e qu'il propose, l'exemple que l'armée et tous les citoyens sauront imiter.

En réduisant sa pensée à ce seul cri de *vive la charte!* le passage cité constitue deux délits : pris isolément et considéré comme une simple expression d'amour et de reconnaissance, le cri de *vive la charte !* ne serait qu'un hommage au roi ; proféré devant le monarque par une troupe sous les armes, pour lui reprocher la violation de cette charte et lui annoncer qu'on veut qu'on la respecte, c'est à la fois une offense et une menace. Le journaliste qui le justifie, qui l'exalte, qui le préconise comme l'exercice d'un droit et l'accomplissement d'un devoir, s'associe à l'offense et la reproduit ; il attaque en outre la dignité royale, en osant soutenir qu'on a le droit de l'offenser, et que ce droit résulte de la loi.

Lorsqu'en 1815 Bonaparte envahit de nouveau la France, le législateur appela l'armée, la garde nationale et tous les citoyens à la défense de la charte que le roi venait de donner à ses peuples : le journaliste en conclut que l'armée, la garde nationale et tous les citoyens ont le droit, s'ils la croient violée, ou menacée, d'en adresser au souverain le reproche par d'insultantes vociférations. L'armée qui, sous les républiques comme sous les monarchies, n'a jamais dû connaître que l'obéissance passive, est érigée en corps délibérant, gardien et protecteur des libertés publiques ; le citoyen qui, d'après la charte, s'il n'est électeur ou député, ne peut intervenir dans l'administration de la chose publique que par des pétitions présentées aux chambres, a lui-même reçu de la loi le droit de s'ameuter et de vociférer en face du monarque, pour la défense de la liberté et de la charte. La garde nationale de Paris l'a fait hier ; l'armée et tous les citoyens vont suivre cet exemple ; le journaliste les y excite, et, sous ce rapport, il se rend coupable d'un second délit.

Après avoir, dans la feuille du 4 mai, provoqué l'armée et les citoyens à imiter courageusement l'exemple dont une loi de 1815 leur a fait un devoir, le journaliste s'exprime ainsi dans la feuille du lendemain 5 mai. « Que les usurpateurs de nos droits, que les
» violateurs de nos lois, qui voudraient faire servir le trône
» d'instrument à leurs passions, ne s'abusent pas plus long-temps :
» la génération qui remplit la France veut son roi, mais la liberté.
» Elle est calme aujourd'hui, elle est pleine de longanimité,
» parce qu'elle ne demande qu'à conserver ses institutions ; mais
» le jour où des mains téméraires réussiraient à les lui ravir, ce
» jour-là même où elle croirait qu'il faut s'animer pour leur con-
» quête, on aurait à craindre de la voir s'élever telle qu'on vit,
» il y a 58 ans, ses pères sortir de leur long repos, et revendi-
» quer leurs droits sacrés. »

Or ce jour est venu, selon le journaliste, car il répète dans le même article : « Que les ministres n'ont fait autre chose que de
» fausser nos institutions ; que de chercher à leur substituer des
» institutions que repoussent également et l'esprit et les mœurs de
» la nouvelle France ! Depuis qu'ils sont au pouvoir, n'ont-ils pas
» fait tous leurs efforts pour pervertir, pour paralyser, pour détruire

» l'opinion publique, pour la rendre suspecte au monarque, pour
» lui faire envisager sa manifestation la plus simple comme ce qu'il
» y a de plus dangereux pour l'autorité ; ses vœux, ses supplica-
» tions même, comme ce qu'il y a de plus mortel à la royauté ! Tout
» ce qui pouvait lui servir d'interprète n'a-t-il pas été attaqué, pros-
» crit par eux avec un soin, avec un acharnement extrême ? La re-
» présentation et la liberté de la presse devaient être en butte à
» leurs premiers coups : aussi combien n'ont-elles pas reçu d'attein-
» tes ! La loi des élections a été refaite en contre-sens de la charte;
» la liberté des élections elle-même a été méconnue ouvertement;
» la France s'est vue ainsi dépouillée du plus précieux de ses
» droits, de celui qui devait lui assurer tous les autres. »

Or ce jour est venu, selon le journaliste, car il répète dans le
même article. « Que les ministres n'ont fait autre chose. »

Ce droit de revendication et ce mode que la révolution a exercé,
ce droit d'insurrection et de révolte, il le légitime et le sanctifie
dans sa feuille du 16 février :

« Ainsi donc, quand nos pères, en 1789, se levèrent et reven-
» diquèrent leurs droits imprescriptibles, les droits les plus pré-
» cieux, les plus sacrés de l'espèce humaine, le ciel fut irrité de
» leur audace ! Quand ils sentirent leurs ames s'exalter au mot de
» liberté; quand les plus nobles pensées vinrent échauffer leurs
» cœurs ; quand ils prirent le ciel à témoin de la pureté de leurs
» intentions ; quand ils brisèrent les indignes fers que la force
» leur avait imposés, ils n'étaient transportés que d'une crimi-
» nelle ardeur ! Grand Dieu ! ce n'est donc pas vous qui avez placé
» dans nos cœurs ces nobles sentimens qui nous élèvent au-des-
» sus des autres créatures ! On nous prêche la soumission servile
» aux volontés de quelques maîtres; mais une voix intérieure en
» nous crie-t-elle pas que la raison souveraine nous a été donnée
» pour en faire usage, que notre destinée est d'être libres'.... La
» mission de quelques-uns serait-elle de commander ? Le sort des
» autres serait-il d'obéir en aveugles? Mais que disons-nous ! Quel
» doute semblons-nous admettre ? Non, non, le cri de la cons-
» cience est la voix de Dieu même.

Cette doctrine n'est point un écart isolé, une brusque saillie;
c'est un système; l'éditeur le montre et le développe, selon les
circonstances avec plus de réserve ou d'effronterie; en février,
par exemple, il frappait l'opinion coup sur coup.

« Reconnaissez avec moi qu'en principe l'opinion des peuples
» entraîne à elle tôt ou tard les gouvernemens, et les oblige,
» quelque résistance qu'ils lui opposent d'ailleurs, à marcher
» dans les voies qu'elle prescrit. C'est là un adage devenu banal
» à force d'avoir été répété; mais il ne résoudrait la question
» qu'en faveur de nos arrières-petits-neveux, si je ne m'em-
» pressais d'expliquer ce qu'il faut entendre par ces mots *tôt ou*
» *tard.*

» Or, suivant moi, l'opinion maîtrise les gouvernemens *plus*
» *tôt* ou *plus tard*, suivant qu'elle se montre plus ou moins
» pressante....

» Maintenant, et pour arriver de suite au cœur de la question,
» je soutiens que les attentats que vous signalez chaque jour
» contre nos institutions, ont dû, par la nature des choses, ren-
» dre ces institutions plus chères aux Français, et donner à leur
» opinion cette force souveraine, cette vivacité ferme et iné-
» branlable qui ne pactise plus, et à laquelle les gouvernemens
» sont obligés de céder sans conserver l'alternative du *tôt* ou du
» *tard*. »

Cette force souveraine, cette vivacité qui ne pactise plus,
c'est la violence et la révolte; le journaliste le dit expressément
page 2 : « On est épouvanté, parce qu'on se voit obligé d'at-
» tendre tout du tems ou de la violence, et l'alternative est
» cruelle..... Pour nous, qui ne pouvons nous défendre de sinis-
» tres présages, nous craignons qu'on ne se confie pas toujours à
» ce qu'on appelle la force des choses. Pour s'y confier, il faut
» de la patience, et *Dieu seul est patient, parce qu'il est*
» *éternel.* »

Il revient sur cette idée dans sa feuille du 12 du même mois;
il cherche d'abord à soulever dans les masses, l'irritation, la
défiance et la haine, en rappelant ces *tems où l'espèce hu-*
maine était regardée comme un vil troupeau. « Ces hommes,
» préoccupés qu'ils étaient de l'excellence de leur race et de la
» légitimité de leurs priviléges, quand tout a changé autour d'eux,
» ils sont restés les mêmes. Comme ils ont appelé pendant plu-
» sieurs siècles leurs priviléges *des droits*, ils ne conçoivent pas
» qu'on puisse parler des *droits de l'homme;* comme ils étaient
» seigneurs et maîtres, ils ne comprennent pas le sens du mot
» *citoyen.* »

Il ajoute, et voici le passage incriminé : « Il y a erreur et igno-
» rance à prétendre aujourd'hui établir un despotisme durable.
» On peut l'imposer par la force pour un temps; mais il faut qu'il
» cède bientôt à l'action permanente de la pensée, à cette force
» expansive, supérieure à toutes les forces. Il faut que l'obstacle
» qu'on lui oppose lui cède sans trop de retard, ou bien il y a
» explosion, et la force comprimante est détruite. »

Ces dernières expressions sont claires; l'explosion qui renverse,
l'obstacle qui détruit la force comprimante, c'est la violence et
la révolte.

Même principe, même commentaire, même espoir et même
présage dans la feuille du 25 du même mois.

» Le char est lancé, et l'on ne peut mettre en question
» s'il s'arrêtera avant d'avoir franchi l'espace qui le sépare de la
» plaine; considérez que vingt-cinq millions de cœurs français

» palpitent dans ce moment, et que ni pestes, ni incendies, ni
» persécutions, ni massacres, n'empêcheront que demain, dans
» huit jours, dans un an, il ne reste encore assez de cœurs brû-
» lans de patriotisme pour contenir le pouvoir dans les limites
» légales, ou pour l'y ramener s'il en est sorti. »

Il appuie son assertion d'une citation, où il est dit que le bien
s'opère comme le mal *par le moyen et avec la violence de l'usurpation, et qu'il n'y a pas encore eu d'autre souverain que la
force.* Il est donc clair que c'est par l'usurpation, la force et la
violence, que demain, dans huit jours, ou dans un an, les cœurs
brûlans de patriotisme contiendront ou ramèneront le pouvoir dans
les limites légales. « Les paroles de l'auteur cité, ajoute le journaliste,
peignent énergiquement le présent et prophétisent l'avenir.... *Novit
namque omnia vates, quæ sint, quæ fuerint, quæ mox ventura
trahantur.* » Ces mots *quæ mox ventura* sont imprimés non en lettres
italiques, comme ceux qui suivent et qui précèdent, mais en autres caractères, pour mieux fixer les yeux et l'esprit.

Enfin toute explosion ayant besoin d'un texte et d'un signal,
le journaliste donne l'un et l'autre : c'est la chute du ministère :
« *Nous sommes parvenus,* dit-il, *au point où l'on ne peut plus
» transiger avec la nécessité.* Le fruit est mûr, il ne reverdira
» plus : sa destinée prochaine, *mox ventura,* est d'être séparée de
» l'arbre qui le portait. Ne dites pas, *à condition qu'on aura la
» prudence de le cueillir;* il en sera ainsi, soit qu'une main l'en-
» lève de sa tige, soit qu'il s'en détache de lui-même et par son
» propre poids. »

Non content de souffler généralement l'esprit d'insurrection et
de révolte, le journaliste à la même époque l'attisait spécialement
dans cette ville.

Dans la feuille du 6 février, il rappelle aux Lyonnais : « Que
» toujours indociles au joug et jaloux à l'excès de leurs droits,
» ils se montrèrent plus d'une fois ardens à les défendre; c'est
» ainsi que le roi Charles IX ayant en 1566 ordonné la construc-
» tion d'une citadelle à Lyon sur la place des Bernardines; plus
» tard, en 1585, les habitans conduits par leurs échevins et par
» le gouverneur Mandelot, s'en emparèrent et la démolirent; et
» le Roi approuva ensuite cette mesure extraordinaire. »

A ce passage dont le but est évident, et pour le faire ressortir
encore davantage, le journaliste ajoute : « *Dans la pensée de cer-
» tains hommes prévoyans, ce projet n'était peut-être pas
» conçu dans le but de protéger la France contre l'invasion
» étrangère.* »

La feuille du 28 février porte :

« Le Lyonnais est de sa nature inoffensif et confiant. Mais agacez-
» le ; tourmentez-le un peu, essayez de lui ravir sa liberté, et
» vous l'allez voir braver les tyrans, affronter les périls, suppor-
» ter les douleurs avec constance, et mourir en héros. »

Le 3.ᵉ délit consiste dans l'attaque contre les droits que le roi tient de sa naissance.

Dans la feuille du 5 février , le journaliste fidèle à son plan , remue d'abord les passions populaires ; il reproche aux maréchaux de France d'avoir eu la foiblesse de troquer leur habit couvert d'une noble poussière et noirci par la victoire, contre le manteau brillant de la féodalité , et d'avoir dénationalisé leurs noms. S'adressant plus bas , aux signataires d'une pétition transmise à la chambre des députés , pour demander la mise en accusation des ministres : « Fiers de votre honorable industrie , leur
» dit-il , vous préférerez vos *boutiques*, premier élément de la
» prospérité nationale, aux demeures voluptueuses de ces fainéans
» titrés qui vous parlent du haut de leur grandeur , et qui ne
» craignent pas d'insulter aux hommes dont-ils dévorent la sub-
» stance. »

C'est entre ces réflexions que l'éditeur a jeté cette phrase :
« Qu'il n'est pas un pouvoir dans la monarchie constitutionnelle,
» qui soit institué pour lui-même ; à commencer par le monar-
» que, à finir par le garde champêtre , tous doivent agir dans les
» intérêts généraux ; tous sont , dans leurs attributions respecti-
» ves , *les représentans de la nation.* »

Dans la feuille du 8 et 9 mars il reproduit cette assertion et 'a commente : « le pouvoir *législatif* et le pouvoir *exécutif* ne peu-
» vent se constituer eux-mêmes ; ils sont , par conséquent, une
» délégation de la puissance nationale. Autrement, ils seraient
» usurpateurs et illégitimes.

» Tout pouvoir légitime a donc un caractère représentatif.

» Ainsi, le gouvernement, en France , est *monarchique*, parce
» que le roi, placé au sommet de la pyramide sociale, est su-
» périeur aux autres pouvoirs sous bien des rapports. Il est *cons-*
» *titutionnel*, parce que les pouvoirs souverains sont également
» soumis à la charte. Il est *représentatif*, parce qu'ils ont reçu
» leur mandat de la nation , et qu'ils la représentent. »

Ainsi, non content de soulever les passions , d'appeler sans relâche le mépris et la haine sur le gouvernement du roi , de légitimer l'outrage envers la majesté royale, de provoquer le peuple et l'armée à user de violence pour assurer l'empire de la charte, le journaliste justifie d'avance l'insurrection et la révolution qu'il provoque en reproduisant les théories qui ont servi de base à la révolution qui renversa le trône, c'est-à-dire la souveraineté du peuple et la délégation conditionnelle de la puissance nationale à un roi qui n'est que le mandataire de la nation.

C'est le délit prévu par l'art. 2 de la loi du 25 mars 1822 , le délit que la chambre des pairs proposa de prévenir ou de réprimer, en ajoutant par amendement à cet article les mots suivans : « Toute attaque contre les droits que le roi tient de sa naissance, et ceux en vertu desquels il a donné la charte. »

Par ces divers motifs le procureur du Roi requiert qu'il soit décerné un mandat de comparution, etc.

Note du Rédacteur. Nous ne faisons aujourd'hui aucune réflexion sur la pièce qu'on vient de lire, nous observons seulement que les citations qu'on trouve dans la plainte ne sont que des mutilations de nos articles, conçues dans l'intérêt de l'accusation et non dans celui de la vérité ; et que même nos phrases ont été tronquées de manière à ne pas offrir leur sens complet. Nous ajouterons que si on eût pris la peine de rapprocher beaucoup d'autres articles du *Précurseur* qu'on a laissés dans l'oubli, on y eût trouvé, sans un grand effort, la réfutation complète des fausses interprétations données aux articles qu'on a torturés.

JUGEMENT

DU TRIBUNAL DE POLICE CORRECTIONNELLE

Du 30 Juin 1827.

Entre M. le Procureur du Roi d'une part,

Et le Sr Laurent Lukner, éditeur responsable du journal le Précurseur, demeurant à Lyon, rue Masson ;

Prévenu 1° d'offenses envers la personne du Roi ;

2° D'attaques contre la dignité royale ;

3° D'attaques contre les droits que le Roi tient de sa naissance ;

4° De provocation à la désobéissance aux lois ;

Et 5° De provocation à s'armer contre l'autorité royale, non suivie d'effet, d'autre part ;

Sur l'opposition formée par Laurent Lukner, par exploit du 20 juin présent mois, au jugement par défaut rendu contre lui par le Tribunal, le 14 dudit mois, qui le condamne à six mois d'emprisonnement, à 2000 fr. d'amende et aux dépens.

L'affaire portée à l'audience du 25 juin présent mois, a été renvoyée à l'audience du 29, et à cette audience, le greffier, de l'ordre du président, a lu la plainte.

M. Delhorme, substitut du procureur du Roi, a résumé l'affaire et a requis contre le prévenu l'application des art. 2 de la loi du 25 mars 1822, 6 et 9 de la loi du 17 mai 1819, 87, § 4 du code pénal, combiné avec l'art. 2 de la loi du 17 mai précité.

Me Guerre, avocat, conseil du sieur Laurent Lukner, et de lui assisté, a proposé sa défense et a conclu à ce qu'il plat au tribunal recevoir le sieur Lukner, opposant au jugement rendu par défaut le 14 juin courant ; ce faisant déclarer ledit jugement nul et subsidiairement non avenu ; en conséquence décharger le sieur

Lukner des condamnations prononcées contre lui, même des frais coutumaciaux, et le renvoyer de la plainte avec dépens.

Après les plaidoiries, le tribunal a continué la cause à l'audience de ce jour pour prononcer son jugement; et à ladite audience, la cause de nouveau appelée, le président a prononcé le jugement suivant :

JUGEMENT.

- Le tribunal, en ce qui concerne le 1er et le 4.me chef de la plainte, ayant pour objet le délit d'offense envers la personne du Roi, et la provocation à la désobéissance aux lois;

Considérant qu'aucun des articles incriminés n'offre ni le caractère d'offense envers la personne du Roi, ni la provocation à la désobéissance aux lois.

En ce qui concerne le 2.me et le 5.me chefs de la plainte, relatifs aux délits d'attaque contre la dignité royale, et de provocation aux citoyens à s'armer contre l'autorité royale;

Considérant qu'il y a partage, ce qui entraine le rejet de ces deux chefs.

En ce qui concerne le 3.me chef de la plainte ayant pour objet le délit d'attaque, contre les droits que le Roi tient de sa naissance;

Considérant que dans le N.° des 18 et 19 mars le rédacteur du précurseur a présenté le pouvoir exécutif, c'est-à-dire le pouvoir royal tel qu'il existe actuellement, comme une délégation de la puissance nationale, comme un mandat de la nation, tandis qu'il est constant que le Roi tient uniquement ce pouvoir de sa naissance; qu'ainsi le journaliste a par-là attaqué les droits que le Roi tient de sa naissance, et s'est dès-lors rendu coupable de l'un des délits prévus par l'article 2 de la loi du 25 mars 1822.

Vu ledit article lu à l'audience par le président,

Déclare par jugement en premier ressort, Laurent Lukner, Editeur responsable du *Précurseur*, coupable d'attaque par l'un des moyens énoncés en l'art 1er de la loi du 19 mai 1819 contre les droits que le Roi tient de sa naissance.

En conséquence, le condamne à trois mois d'emprisonnement, à 1000 fr. d'amende, et aux dépens.

Fait et jugé par MM. DELANDINE, DURAND-GENTON, RAMBAUD le 30 juin 1827.